AF330531

AUX HOMMES DU PEUPLE

ET AUX HONNÊTES GENS DE TOUS LES PAYS.

LA POLITIQUE

DU BON SENS

OU VÉRITABLE RÉFORME SOCIALE

Sans Révolution,

PAR L'AUTEUR D'UN MOT SUR LA LIBERTÉ D'ENSEIGNEMENT.

> N'avons-nous pas le droit de manger et de boire? St-Paul.
>
> Tobe or not tobe. That is the question. Shakespeare.

NANTES,

IMPRIMERIE DU COMMERCE, VICTOR MANGIN,

Quai de la Fosse, 25, et rue Neuve des Capucins, 10.

L'AUTEUR A SON LIVRE.

Partez, ô mon petit livre, allez, avec votre costume et votre langage de breton, chercher accueil quelque part !

On vous appellera pamphlet, libelle, diatribe : ne vous en étonnez point, et prenez garde de croire mériter des qualifications qui vous assimileraient, vous, provincial inconnu et sans appui, aux plus illustres, aux plus utiles de notre temps.

Pourvu qu'on vous lise, vous aurez réussi, car vous porterez à réfléchir et peut-être à agir en conséquence. Sous votre chétive apparence, il y a des idées fécondes ; allez, tâchez de les semer pour le soulagement des malheureux, et remettez-vous-en du reste à la Providence, qui prend en égale sollicitude le sort des empires et la destinée d'un pauvre petit livre comme vous.

Si l'on vous demande de quel parti vous êtes, répondez que vous êtes du parti des déshérités ; ennemi de l'oppression plus que des oppresseurs, et reconnaissant des frères dans tous les hommes.

Si des dévots vous appellent impie , sacrilége, tison d'enfer et vous maudissent ; pensez qu'ils croient bien dire , et félicitez-vous de ce qu'on les empêche d'employer le bourreau pour procurer plus efficacement la gloire de Dieu.

Mais si vous veniez à rencontrer sur votre chemin quelque bon prêtre , de ceux qui vont à pied porter la paix dans les chaumières ; quelque âme placide et ingénue, que votre rude parler contristât ; si vous aviez le malheur de paraître outrager la véritable religion qui est toute charité, tout amour ; qui est la justice et l'ordre par excellence, oh! ici défendez-vous, et dites avec le respect que mérite toute conviction, toute peine réelle : Non , mon frère, ce n'est point la religion que j'attaque, mais ses abus. En coulant de sa source jusqu'à nous, la religion s'est souillée des impuretés des siècles ; l'eau saine et limpide est devenue infecte ; l'homme a refait et perverti l'œuvre de Dieu, les portes de l'enfer ont prévalu !... Voilà ce qui donne à mes paroles un accent qui n'est pas de haine, mais d'indicible regret !

Cependant comme dans le monde trop d'humilité nuit, autant vous serez cordial et affectueux avec vos égaux, les petits , autant vous

devez être fier avec les grands et vous monter
à leur niveau. Apprenez à ceux-là que vous
avez droit de parler, que vous êtes du pays
légal : qu'il y a à la chambre tel député qui
n'a dû qu'à votre voix d'y siéger : vos raisonnements leur en paraîtront meilleurs, et
quand ils sauront que vous avez du pain
(jusqu'ici du moins), ils vous pardonneront
plutôt d'en demander pour les autres.

Voilà, ô mon petit livre, mes recomman-
dations de voyage. Le moment est venu; allez,
ayez confiance, et Dieu vous conduise !

LA
POLITIQUE DU BON SENS

OU

VÉRITABLE RÉFORME SOCIALE

Sans Révolution.

La politique de notre temps, comme celle des époques de décadence, se résout en discussions retentissantes et vides, quelquefois ridicules.

L'Empire Romain mourut en discutant, dans le sénat, à quelle sauce on mettrait le *turbot*; le Bas-Empire en disputant sur la théologie, et la France officielle après une loi célèbre sur des *lapins*, a naguère solennellement débattu si les *cailles* sont ou non des oiseaux de passage !

Suivant un homme capable d'en juger, puisqu'on l'a fait pair de France, « nos chambres décrépites » procréent à cette heure une infinité de petites lois » culs-de-jatte qui, à peine nées, branlent la tête » comme de vieilles femmes et n'ont plus de dents » pour mordre les abus. »

On croit faire acte de courage en demandant la réduction de la rente, la réforme parlementaire et d'autres aussi légitimes : les journaux les plus avancés n'osent guère aller au-delà : peut-être de peur des lois de septembre, peut-être parce qu'à leur avis ces changements remédieraient à tout.

Cependant n'y aurait-il point une plus urgente, plus chrétienne réforme à poursuivre ? Une réforme sans laquelle les autres ne sont que duperies, malgré l'importance qu'elles semblent emprunter de la gravité avec laquelle on en parle ?

Certes, il n'est pas indifférent de savoir si l'on continuera de payer au-dessus de sa valeur l'intérêt de l'argent, ni surtout si les lois continueront d'être faites pour et par quelques-uns. Mais avant d'ouvrir au peuple la tribune législative, ne conviendrait-il pas de le vêtir ? Avant de songer à approcher de lui les capitaux, ne faudrait-il pas lui garantir le droit de vivre et par conséquent de manger ? *Opportet primo vivere*, dit le proverbe, et il lui a fallu, à ce pauvre peuple, toute sa native bonhomie pour s'être imaginé que les textes de l'Évangile et de la Charte suffisaient pour le rendre bien réellement, lui qui manque de tout, le frère et l'égal de ceux qui regorgent de tout ! Comme s'il y avait jamais eu égalité entre la force et la faiblesse, le travail et l'oisiveté ! comme s'il y avait une fraternité possible entre le maître et l'esclave, le cavalier et la monture !

Il est vrai que l'égalité et la fraternité, écrites par Dieu lui-même dans sa loi, gravées par la raison en tête de notre droit public, ne sont pour plusieurs qu'un adage sans conséquence, une sorte d'abstraction, dont il leur paraît toutefois dangereux d'occuper les masses, de peur qu'en y réfléchissant elles ne se prennent à vouloir accorder le fait avec le droit, ce qui bouleverserait tout.

Cela ne suffit pas : si les choses doivent continuer d'aller comme elles vont, le plus court, pour prévenir tout danger, est de biffer de l'Evangile et de la Charte ces redoutables NON-SENS, ne fût-ce que pour ne pas ajouter plus longtemps à la violation du droit naturel, la violation du droit écrit, et laisser supposer du moins aux débonnaires que les heureux pèchent par ignorance plus que par dureté de cœur.

La France se couvre de canaux, de routes, de chemins de fer ; et les optimistes de crier au développement du commerce ! à la prospérité croissante ! lorsque c'est le développement incessant du magasin, au détriment de la boutique, l'exploitation croissante des petits par les grands.

Vous parlez de chemins de fer ! Qui les creuse, ces chemins de fer? — pour qui? — A une époque où la puissance et la considération dépendent de l'argent, les chemins de fer ne sont qu'un nouveau moyen d'étendre l'omnipotence des capitalistes et de porter jusqu'au fond des campagnes leur perverse influence.

Mais tout est organisé au profit des riches. A qui servent les douanes, les contributions tant directes qu'indirectes, l'armée et jusqu'aux écoles les plus coûteuses de l'Université? A qui profitent les mille entraves de la procédure, de la bureaucratie, les étreintes du fisc, enfin, tout ce qui constitue maintenant une société civilisée? — Je vous défie de nier que ce ne soit aux riches, toujours aux riches.

Aussi ont-ils grand soin de refuser aux autres

l'exercice des *droits* politiques. Les déshérités n'offrent pas à *l'ordre*, c'est-à-dire à leur propre asservissement, des garanties suffisantes. On pense avec raison que si les classes les plus utiles et les plus nombreuses retrouvaient dans la représentation nationale l'importance qu'elles ont dans le pays pour sa prospérité, une foule d'abus disparaîtraient, et, avec ces abus, les hommes déplorables dont l'occupation est de se rendre nécessaires.

Les erreurs se tiennent comme les vérités ; s'il s'en établit une en principe, il en découle invinciblement d'autres. Or, l'une des plus fatales erreurs a été de confondre la France avec le peuple et de croire que l'un était absolument la même chose que l'autre.

Une grande exploitation, admirablement soignée, offre dans toutes ses parties et jusque dans ses détails des preuves d'ordre et d'opulence. Qu'en concluez-vous ? que le propriétaire ou les propriétaires sont puissamment riches. Mais cela prouve-t-il que les ouvriers, auteurs de cet ordre et de cette opulence, soient eux-mêmes à l'aise ? Pas du tout ! Voyez nos manufactures, voyez l'Angleterre.

Comme l'observe M. de Maistre, les mots ont leur puissance et portent souvent la fortune des empires. Autrefois, une ville, un royaume se personnifiait dans un individu : Louis XIV déclarait que l'Etat, c'était lui ; en lui tâtant le pouls, son médecin pouvait dire comment se portait l'Etat. Ce temps est passé, et cependant 459 citoyens, monnaie du grand roi, continuent la superbe fiction et prouvent légalement que la France est ivre quand 230 d'entre eux ont bu !

Mais cette France, dont chaque parti se réclame, n'est qu'un mot; la chose, c'est le peuple français ! L'on fait tout pour le mot, rien pour la chose : on meurt pour la France; on est jaloux de la dignité, de la prospérité de la France; on comble d'or et d'honneurs les chefs de la France, après quoi tout est dit.

Mais le peuple ! le peuple !...

On l'oublie ! on l'appelle souverain, et on ne le compte pas !

Il commencerait pourtant bien à être temps de savoir si la *poule au pot* qu'on lui promet depuis Henri IV arrivera bientôt, ou s'il doit définitivement y renoncer.

Voilà, pour moi, la question, et toute ma politique est là !

Que nos princes royaux épousent des princesses royales; que les palfreniers des haras royaux soient mieux rétribués que les instituteurs de campagnes; que l'on donne aux comédiens royaux beaucoup plus qu'à l'agriculture (1); que la France n'ait jamais joui du bonheur de payer aussi cher que sous le gouvernement à bon marché, je ne suis pas encore content si le peuple ne prend part au gâteau; et je vois malheureusement la table du festin, qu'on le force d'approvisionner, se dresser toujours au-dessus de sa tête, si haut que les miettes n'en tombent même pas jusqu'à lui. Malgré tant de révolutions faites en son nom par de vulgaires ambitieux; malgré tant de découvertes et de perfectionnements en tous genres, il est resté ce qu'il était : serf et esclave, transformé il est vrai, mais nullement émancipé.

Après avoir vécu en brute, attaché à la glèbe, sous la féodalité terrienne du moyen-âge, on l'a cloué à l'usine bourgeoise comme une machine sous la féodalité industrielle des barons de la bourse. Il figure maintenant dans les grandes fabriques, à l'*avoir* du maître, parmi les roues et les cylindres, et l'on dit indifféremment, en un certain monde, une machine de tant de bras... ou de tant de chevaux ! voilà son rôle, malgré la déclaration des droits de l'homme que quelques-uns lui firent épeler il y a 50 ans et que d'autres se hâtèrent de lui faire siffler.

Cependant ces droits de l'homme, si ridiculisés par ceux qui se croient apparemment plus que des hommes, n'en sont pas moins, après l'Evangile, la charte d'or de l'humanité. Je dis après l'Evangile, car c'est là, il ne faut pas l'oublier, que le dogme de la fraternité a été révélé au milieu des malédictions réitérées contre l'égoisme et l'orgueil.

« Nous sommes tous enfants de Dieu. Il n'y a plus
» de distinction, d'esclave, ni de libre; vous n'êtes
» tous qu'un seul corps et qu'un esprit. (Saint Paul.)
» — Les Scribes et les Pharisiens lient des fardeaux
» pesants et insupportables sur les épaules des
» hommes, mais ils ne voudraient pas les toucher du
» doigt... Ils portent de larges ceintures et ont de
» longues franges à leurs habits; ils aiment à avoir
» les premières places dans les festins et les premiers
» siéges dans les synagogues, à être salués dans les
» places publiques et à être appelés *Maître! Maître!*
» — Mais vous ne vous faites point appeler maître,
» car vous n'avez qu'un seul maître qui est le Christ;
» pour vous, vous êtes tous frères. — Malheur à

— 7 —

» vous, Scribes et Pharisiens hypocrites ! parce que
» vous fermez aux hommes le royaume des cieux…
» Malheur à vous, Scribes et Pharisiens hypocrites !
» car vous dévorez les maisons des veuves en affec-
» tant de faire de longues prières… Malheur à vous,
» Scribes et Pharisiens hypocrites ! car vous payez
» la dîme et négligez ce qu'il y a de plus important
» dans la loi : la justice, la miséricorde et la fidélité.
» (St-Mathieu, ch. XXIII.)
» Vous savez que les princes des nations les do-
» minent et que les grands les traitent avec empire ;
» il n'en doit pas être ainsi parmi vous ; au con-
» traire : quiconque voudra être grand parmi vous,
» doit être votre serviteur, et quiconque voudra être
» le premier doit être votre serviteur (2). (St-Math.,
» ch. XX.)—Faites aux autres ce que vous voudriez
» qu'il vous fût fait. Tu aimeras le Seigneur ton
» Dieu de tout ton cœur, de toute ton âme et de toutes
» tes forces ; c'est là le premier et le plus grand des
» commandements ; et voici le second, qui lui est *sem-*
» *blable* ; tu aimeras ton prochain comme toi-même ;
» toute la loi et les prophètes sont compris dans
» ces deux commandements. (St-Math., ch. XXII.)
» Quand même je parlerais toutes les langues des
» hommes et même des anges, si je n'ai la charité,
» je ne suis qu'un airain sonnant, une cymbale re-
» tentissante ; — quand même j'aurais le don de
» prophétie, je connaîtrais tous les mystères et la
» science ; et quand même j'aurais une foi capable
» de transporter les montagnes, si je n'ai pas la cha-
» rité, je ne suis rien ; — et quand même je donnerais
» tout mon bien pour nourrir les pauvres, quand je

» livrerais mon corps pour être brûlé, si je n'ai pas
» la charité, cela ne me sert de rien... — La charité
» excuse tout, croit tout, espère tout, supporte tout.
» (St-Paul, Ier Cor., ch. XIII.)—Il serait plus facile
» à un chameau de passer par le trou d'une aiguille
» qu'à un riche d'entrer dans le royaume du ciel. (St-
» Math., XIX, St.-Marc, XI.)—Que celui qui a deux
» vêtements en donne un à celui qui n'en a pas et
» que celui qui a de quoi manger fasse de même. —
» Si vous voulez être parfait, vendez ce que vous
» avez et donnez-le aux pauvres. — Quiconque ne
» renonce pas à tout ce qu'il a ne peut être mon dis-
» ciple. — Ne faites acception de personne. S'il
» entre dans votre assemblée un homme qui ait un
» anneau d'or et un habit magnifique, et qu'il y entre
» aussi quelque pauvre avec un méchant habit et
» qu'arrêtant vos regards sur celui qui est magnifi-
» quement vêtu, vous lui disiez, en lui présentant
» une place honorable : asseyez-vous ici ; et que
» vous disiez au pauvre : tenez-vous là debout (3),
» n'est-ce pas là faire différence entre l'un et l'autre?
» —Ce que je vous commande, c'est de vous aimer
» les uns les autres. (St-Jean, XV.)—Que si un
» de vos frères ou une de vos sœurs n'ont point de
» quoi se vêtir et manquent de ce qui leur est néces-
» saire chaque jour pour vivre, vous leur disiez :
» *allez en paix ! je vous souhaite de quoi vous*
» *garantir du froid et de quoi manger*, sans leur
» donner néanmoins ce qui est nécessaire à leur corps,
» à quoi servent vos paroles?—La foi qui n'a point
» les œuvres est une foi morte. (St-Jacques.) »

Ainsi la liberté, la charité, la fraternité sont bien

le fond et l'essence même de la doctrine du Christ : comment donc sous l'empire de cette loi de grâce, les pauvres ont-ils continué d'être opprimés ! C'est que, chrétienne de nom, la société n'a pas cessé d'être payenne en réalité. Le Christ reviendrait sur terre qu'il trouverait moins que jamais où *reposer sa tête* ; son nom serait toujours l'*Homme de douleur* ; les Scribes, les Pharisiens et les Princes des Prêtres le feraient encore clouer sur la croix par les lieutenants de César.

La morale de l'Evangile, si belle, si puissante au temps des agapes, lorsque les frères mettant tout en commun, mangeaient à la même table et ne formaient qu'un corps et qu'une âme, céda bientôt à l'empire stérile du dogme ; et dès que l'important fut de croire à un Dieu en trois personnes, au paradis et à l'enfer, à la virginité de la mère du Christ et d'aller à confesse ; quand la foi eut remplacé la charité et le chapelet les bonnes œuvres, tout fut perdu. Des chefs, oubliant l'égalité originelle, rompirent la communion chrétienne, et, s'arrogeant des droits qui appartenaient à tous, devinrent rapidement les auxiliaires et les rivaux des rois dans l'art de museler et de parquer le bétail humain.

Ils épousèrent si bien les errements de la hiérarchie mondaine que leur devoir était de corriger, qu'il s'eleva aussi parmi eux des chefs de tout ordre et jusqu'à des princes, ayant palais et livrée, battant monnaie en prêchant la pauvreté et faisant la guerre en parlant de paix.

Jésus-Christ s'appelait le fils de l'homme, et, à l'exception d'un ou deux, ses apôtres étaient de

pauvres ouvriers fort illétrés, sans titres, ni distinc-
tions, se croyant toujours assez respectables en se
montrant assez dévoués. Mais les princes venus,
tenant la croix d'une main et l'épée de l'autre, n'eu-
rent garde de ne pas revoir et accommoder à leur
nouvel état la doctrine du Fils de l'Homme et de ses
ouvriers.

Ainsi Jésus-Christ avait dit à ceux qui oublient
notre double nature, que nous ne vivons pas *seulement* de pain, mais de toute parole de Dieu : les
princes-docteurs traduisirent que l'homme vit *surtout* de la parole de Dieu, et la version parut si heureuse, si commode, que les pauvres trouvent maintenant partout, tant qu'ils veulent, cette parole de
Dieu, corrigée par les princes, et répandue sous
leur privilége ; mais de pain, nulle part !

Les mêmes docteurs insinuèrent d'abord, puis dé-
clarèrent hautement qu'ils avaient les clefs du paradis
et de l'enfer, entre lesquels ils placèrent un purgatoire
d'où ils promirent, à prix d'argent, de délivrer les
âmes.

Ils amusèrent de récits puérils, barbares ou gro-
tesques sur ces pays enchantés l'imagination du
peuple, à qui, en retour des jouissances infinies dont
ils le gratifiaient en espérance, ils interdirent la pour-
suite des biens actuels, qui l'auraient rendu trop
terrestre.

Dieu ne fut plus *Notre Père qui est aux cieux,* qui
nous donne notre pain de chaque jour ; ils firent un
dieu nouveau, taillé à leur image, pétri d'ambition,
de jalousie et de vengeance, et l'homme, dégradé par
l'ignorance, hébété par la peur, ne vit plus au ciel et

sur la terre que tyrans tout puissants et impitoyables acharnés à sa perte. De là ces mortifications, ces renoncements, ces pénitences multipliées et sans fin, sous prétexte de fléchir la colère divine sans cesse allumée, mais en effet pour le rendre le plus malheureux, le plus imbécille et partant le plus gouvernable possible.

On promit au pauvre les premières places en paradis (car ils mirent des rangs et des grades jusqu'en le paradis) à condition qu'il restât aux dernières sur la terre, et pourvu qu'il se laissât bellement tondre et saigner dans ce monde, il était sûr de devenir un chérubin de gloire dans l'autre !

Cela se dit encore...

Et comme l'échange paraît toutefois un sacrifice, même aux plus croyants pressés par la faim et le froid, les hommes de Dieu n'ouvrent la bouche que pour maudire en brillants costumes, dans des chaires ciselées, au milieu des pompes et des vanités du monde (4), le monde avec ses pompes et ses vanités, ses faux biens et ses faux honneurs ; pour célébrer, en termes mystiques, le bonheur des saints, les joies ineffables du paradis dont cependant ils ont grand soin de ne pas se contenter eux-mêmes ! démentant ainsi leur doctrine par leur conduite et prouvant on ne peut plus éloquemment, en fait, que les biens des vivants sont pour les vivants, et ceux des morts pour les morts.

Les apôtres ne prêchaient pas l'humilité avec des habits de pourpre relevés de brocards et de pierreries ; l'abstinence avec des faces apoplectiques et un embonpoint qui, à Lacédémone, aurait mérité le fouet ;

leurs exemples confirmaient leurs paroles, on les voyait sincères ; c'est pourquoi ils convertissaient les Gentils, et c'est pourquoi nos prêtres ne convertissent plus que des sauvages qui ne savent pas ce qu'ils font (5). Si les sauvages pouvaient se douter que, dans cette vieille Europe qu'on leur présente comme un lieu de délices parce qu'on y connaît l'Évangile, les princes de l'église et les princes de la terre se sont partagé l'homme chacun suivant sa spécialité, au point que s'il bouge, l'un l'enchaîne ou le tue ; s'il murmure, l'autre le damne pour l'éternité, assurément les sauvages s'en tiendraient à leurs manitous et se sauveraient bien loin des missionnaires, au fond des forêts, où du moins ils sont libres.

Voulez-vous savoir à quoi sert surtout ce christianisme royal ? Écoutez un missionnaire couronné :
« La chose du monde que nous souhaitons le plus et
» pour vous et pour vos états, ce serait d'obtenir
» pour vos sujets qui ont déjà embrassé la loi du
» seul vrai Dieu, la liberté de la professer, cette
» loi étant la plus haute, la plus noble, la plus
» sainte et *surtout la plus propre à faire régner*
» *les rois* ABSOLUMENT. » C'est Louis XIV lui-même, maître passé dans l'art de régner *absolument*, qui essaie de convertir son confrère du Tonquin] à la loi du vrai Dieu, attendu *surtout*, dit le Roi-Soleil, qu'aucune n'est plus propre à faire régner les rois *absolument !*

Voilà pourquoi le sort du prolétaire moderne est le même, sinon pire, que celui du prolétaire antique, ainsi qu'en 1767 un publiciste honnête homme le

démontrait dans ces lignes, qui n'ont pas cessé d'être
cruellement vraies :

« Il a toujours fallu que la plus grande partie
» des hommes continuât de vivre à la solde et dans
» la dépendance de la plus petite qui s'est approprié
» tous les biens. La servitude s'est donc perpétuée
» sur la terre, mais sous un nom plus doux. Elle
» s'est décorée parmi nous du titre de domesticité.

» Par le mot de domesticité, je n'entends pas l'é-
» tat de ces fainéants fortunés que la paresse dévoue
» à un esclavage volontaire ; qui trouvent dans leur
» bonne mine un patrimoine assuré et que le luxe
» paie si chèrement pour ne rien faire. Ils s'en-
» graissent de ses vices, sa vanité les habille avec
» magnificence, sa profusion les nourrit avec déli-
» catesse, son amour pour le faste les associe à une
» partie de ses plaisirs : tout ce qu'il exige d'eux,
» c'est que leur vanité serve de décoration à la
» sienne.

» Mais les villes et les campagnes sont peuplées
» d'une autre espèce de domestiques plus répandus,
» plus utiles, plus laborieux et connus sous le nom
» de journaliers, de manouvriers, etc. Ils ne sont
» point déshonorés par les couleurs brillantes du
» luxe ; ils gémissent sous les haillons dégoûtants
» qui sont la livrée de l'indigence. Ils n'ont jamais
» de part à l'abondance dont leur travail est la source.
» Ce sont là les domestiques qui ont vraiment rem-
» placé les serfs parmi nous. C'est sans contredit
» une très-nombreuse et la plus nombreuse portion
» de chaque nation. Il s'agit d'examiner quel est le
» gain effectif que lui a procuré la suppression de

» l'esclavage. Je le dis, avec autant de douleur que
» de franchise, tout ce qu'ils ont gagné, c'est d'être
» à chaque instant tourmentés par la crainte de mou-
» rir de faim, malheur dont étaient du moins
» exempts leurs prédécesseurs dans ce dernier rang
» de l'humanité.

» L'esclave était nourri, lors même qu'il ne
» travaillait pas ; mais le manouvrier libre qui est
» souvent mal payé lorsqu'il travaille, que devient-
» il lorsqu'il ne travaille pas? Qu'est-ce qui s'in-
» quiète de son sort? À qui en coûte-t-il quelque
» chose quand il vient à périr de langueur et de
» misère? Qui est-ce qui est par conséquent inté-
» ressé à l'empêcher de périr? Il ne tient à personne,
» mais aussi personne ne tient à lui. Quand on en
» a besoin, on le loue au meilleur marché que l'on
» peut; la faible solde qu'on lui promet égale à
» peine le prix de sa subsistance pour la journée
» qu'il fournit en échange On lui donne des sur-
» veillants pour l'obliger a remplir promptement sa
» tâche; on l'aiguillonne de peur qu'une paresse
» industrieuse et excusable ne lui fasse cacher la
» moitié de sa vigueur.

» L'esclave était précieux à son maître en raison
» de l'argent qu'il avait coûté. Mais le manouvrier
» ne coûte rien au riche voluptueux qui l'emploie.
» Du temps de la servitude, le sang des hommes
» avait quelque prix : ils valaient du moins la som-
» me qu'on les vendait au marché. Depuis qu'on ne
» les vend plus, ils n'ont réellement aucune valeur
» intrinsèque. Dans une armée on estime bien moins
» un pionnier qu'un cheval de caisson, parce que le

» cheval est fort cher, et qu'on a le premier pour
» rien. La suppression de l'esclavage a fait passer
» ce calcul de guerre dans la vie commune, et il n'y
» a point de bourgeois à son aise qui ne suppute
» dans ce genre comme le font les héros.

» Les journaliers naissent, croissent et s'élèvent
» pour le service de l'opulence sans lui causer les
» moindre frais : comme le gibier qu'elle massacre
» sur ses domaines. Il semble qu'elle ait réellement
» le secret dont se vantait sans raison le malheureux
» Pompée : en frappant du pied la terre, elle en fait
» sortir des légions d'hommes laborieux qui se dis-
» putent l'honneur d'être à ses ordres. En dispa-
» raît-il quelqu'un parmi cette foule de mercenaires
» qui élèvent ses bâtiments ou alignent ses jardins,
» la place qu'il a laissée vacante est un point imper-
» ceptible qui est sur le champ recouvert sans que
» personne s'en mêle. » Linguet, *Théorie des
Lois civiles*, liv. 5. ch. 30.

N'est-ce pas ici le lieu d'appliquer cette maxime du
Maître pour juger ceux qui se disent ses successeurs :
A fructibus eorum cognoscetis eos...

Eh bien les fruits, les voilà !

Vingt ans plus tard, toujours avant notre grande
Révolution de 89 qui, toute terrible qu'elle devint,
n'a rien changé au fond, Brissot disait dans sa bro-
chure sur les différents systèmes d'administration :
« Il est une réflexion que ne font pas ceux qui don-
» nent des plans d'éducation pour le peuple; c'est
» qu'il ne peut y en avoir une bonne là où le peuple
» n'a aucune propriété; car sans propriété il n'a
» point de patrie; sans propriété tout est contre lui,

» et à son tour il doit être armé contre tous. — La
» société lui crie : Respecte les biens de ton voisin
» opulent.... Il pourrait dire : As-tu toi-même
» respecté mon droit primitif de propriété? — Le
» gouvernement lui crie : L'ennemi vient pour s'em-
» parer de mes possessions, arme-toi, défends-moi,
» meurs s'il le faut!... — Mourir! Et pourquoi?
» peut-il répondre; possédè-je un seul pouce de
» terrain? L'ennemi, devenu mon maître, sera-t-il
» plus dur que toi? Pourra-t-il me faire plus de mal
» que tu ne m'en fais? Pourra-t-il m'imposer un dou-
» ble fardeau. — La morale et la religion lui crient :
» Aime ta femme, soutiens-la ; élève bien tes enfants,
» sois pieux, aime ton Dieu, il est ton père.... —
» Hélas! peut-il encore répondre, aime-t-on quand
» on est dans la misère? Qui n'a rien, peut-il sou-
» tenir, peut-il élever ses enfants? Qui n'a rien peut-
» il être pieux? peut-il aimer l'Etre qui lui paraît
» ordonner sa misère? »

Oui, la pauvreté est abrutissante et impie, elle est
mère de la haine, cette passion de démon.

Rien de plus ferme n'a été écrit depuis sur ce grave
sujet. Rousseau, Turgot, Mably, Diderot, Necker
etc., en face de la Bastille et sous le règne du bon
plaisir, sondèrent aussi la profondeur du mal avec
une hardiesse et une indépendance qui ne seraient pas
aujourd'hui sans danger, malgré la destruction de
la Bastille et deux révolutions populaires, tant est lent
et douloureux l'enfantement de la Liberté!

Deux impulsions parallèles remuent plus que jamais le monde moral sur ses pôles : la religion et la
politique. La puissance d'action est une; la justice

comme la force de résistance est une : l'égoïsme. Voilà en présence les deux éternels rivaux : l'enjeu est l'humanité.

Le christianisme de Jésus aurait pu intervenir comme médiateur suprême dans ce grand duel, si, corrompu par les papes, il n'avait trop longtemps porté la livrée des rois, servi de sanction à tous les despotismes, d'excuse à tous les *mangeurs de peuples*.

Et pourtant vous étiez du peuple, ô Jésus ! vous naquîtes et vécûtes parmi le peuple, vous mourûtes de la mort de l'homme du peuple, de la mort de l'esclave, par la main des prêtres et des grands, en leur pardonnant, à eux qui ne pardonnent point ! Pourquoi faut-il que vos indignes successeurs aient tourné en oppression votre œuvre d'affranchissement, relevé le veau d'or que vous aviez renversé, vendu leurs frères que vous aviez rachetés ! Plus déïcides que les Juifs qui ne tuèrent que votre corps, ils ont tué jusqu'a votre doctrine, et il ne reste plus de vous sur la terre que des sectateurs qui vous blasphèment parmi des malheureux qui vous nient !

Dans cet abîme d'angoisse, l'homme trahi partout, blessé, meurtri partout, s'est replié sur lui-même et s'est demandé à lui-même le remède à ses propres tortures.

Les uns, persuadés que la religion est le terrain le plus solide, ont essayé de bâtir leur système sur un nouveau culte, et nous avons vu successivement paraître pour mourir, sous les coups du ridicule plus encore que sous les arrêts des tribunaux, les extravagances Saint-Simoniennes ; les parades burlesques dès Néo-Templiers ; la petite secte de l'Eglise française, et celle plus pitoyable encore de l'abbé Auzou. Ces tentatives folles ont avorté honteusement et montré une fois de plus l'impossibilité des réformes que le temps n'a pas mûries ou dont l'utilité n'est pas reconnue.

D'autres esprits de la plus haute distinction, nourris de fortes études et d'un dévouement éprouvé, convaincus que le culte ne peut être qu'une des faces du gouvernement, attendent d'un changement complet dans le droit positif et dans la forme sociale qui en est l'expression, la satisfaction aux légitimes exigences des peuples.

Les communistes, qui remontent jusqu'au berceau du monde ; dont les théories ont séduit les plus mâles génies, battent résolument en brèche les principes du droit régnant dans ses rapports avec la propriété, et je ne sache à leur implacable logique d'autre réponse que l'expérience.

Les Socialistes, hommes tout nouveaux, semblent autant qu'on peut comprendre leur langage, tout nouveau aussi, espérer une prochaine transformation de cette terre par le seul fait de l'obéissance à la loi suprême de l'*attraction*, dont la violation aurait causé jusqu'ici tous les maux. La foi et l'espérance ont dans la jeunesse de si brillants e si vastes horizons, que l'on regrette d'être arrivé l'âge où ces splendeurs futures ne sont qu'illusion généreuses de cœurs noblement déçus. Il faudrai une société primitive prête à recevoir sur un so vierge la forme voulue, tandis que, hélas ! c'est l vieux résidu d'une très-vieille et très-inique civili sation qu'il s'agit de repétrir sur un terrain labouré profondément par les passions les plus *anti-harmoniennes*, les préjugés les plus rebelles aux *attractions*. Ce n'est pas un enfant a élever, c'est Eson à rajeunir, à rajeunir sans Médée !

Dieu me garde cependant de blâmer les Socialistes ! On peut ne pas partager toutes leurs idées ; mais personne ne leur refusera une grande élévation de vue, un amour sincère des pauvres et un profond respect pour la morale et la famille, principes de tout ordre, de toute société. Je me rappelle que les sages du temps se moquaient avec succès parmi leurs compatriotes de *la folie du crucifié* de Jérusalem ; que le chamelier de Médine passa pour visionnaire avant d'être reconnu prophète ; que plus tard, dans des genres différents, Galilée et Christophe Colomb furent traités d'impies et de fous ; que tout récemment ceux qui ont inventé la vapeur et découvert le magnétisme ont été emprisonnés, ridiculisés par des hommes très-graves et très-convaincus que leurs préjugés étaient du génie, et leur intelligence la mesure du possible.

Il faut remarquer qu'aucune des révolutions morales du monde, les seules durables, les seules glorieuses, n'ont eu de rois, ni de princes pour auteurs, mais toujours des hommes de néant tombés dans une société tout armée pour les écraser s'ils heurtaient trop ses usages, parmi des ignorants toujours sûrs de frapper le public formé par eux, avec cette objection à sa portée : *Cela ne s'est jamais vu !* Comme si, dans la vie de l'humanité pas plus que dans celle de l'homme, deux siècles ou deux jours se ressemblaient! Comme si Dieu était obligé de se répéter et de tirer éternellement de son propre fond ce qu'il lui a plu d'en tirer une fois!

Si aucune des écoles existantes n'est en possession exclusive de la vérité, aucune non plus n'a obsolument l'erreur en partage, et l'on peut affirmer qu'elles contribueront toutes, dans la proportion où elles s'empreindront des sentiments de fraternité universelle et de paix, de Christianisme véritable, au dégagement de cette magnifique inconnue que tout le monde pressent et appelle.

Quel que soit donc leur symbole, Dieu soit en aide à tous les hommes de bonne volonté!

Mais comme des besoins criants exigent un prompt remède; comme les révolutions subites ont presque toujours tourné au profit de la tyrannie, il faudrait préparer l'ère nouvelle par une transition assez marquée pour consoler les malheureux, assez douce pour être acceptée par les riches.

Voici quelques réformes réellement pratiques et fécondes qui ne changeraient pas le monde, pas même, ce qu'il y a de plus insignifiant, les couleurs de la France, mais n'en seraient pas moins un immense progrès dans l'œuvre séculaire de l'emancipation humaine.

Ce n'est point à la plupart des hommes appelés *politiques* que j'adresse ces réflexions, elles leur feraient pitié! Ceux-là ont les vers-à-soie, les mérinos et les colzas; Abd-el-Kader, l'alliance anglaise, le droit de visite, la question d'Orient, les mariages princiers, les discours de la couronne et ceux des 459 clochers électoraux; l'uniforme de l'armée, la sonnette du président de la chambre, le bavardage des bureaux. Sortir de la gauche ou de la droite, ou de l'extrême gauche ou de l'extrême droite, ou du centre gauche ou de tout autre espèce de droite, de gauche ou de centre ; abdiquer son rôle d'homme de parti, *son drapeau* comme ils disent fièrement ; compromettre sa réputation de publiciste jusqu'à mettre avant et au-dessus de tout les intérêts du peuple français, des parias du pays légal, de plus de 34 millions et demi d'hommes sur 35, c'est ce dont les grands politiques des grands journaux s'honoreront d'être toujours incapables ! Des mots ! des mots ! et encore des mots ! Voilà leur souci, leur *mission*, pour parler leur langue.

Je m'adresse à ceux qui valent mieux qu'eux, et sont, par conséquent, dans la bonne acception du terme, plus grands politiques qu'eux : aux hommes intelligents et généreux de tous les partis, aux hommes de bon sens de toutes les classes. J'ose croire que pas un de ceux-ci ne refuserait de faire ou d'appuyer à l'occasion les propositions suivantes.

I.

L'ÉTAT DOIT A TOUS CEUX QUI EN MANQUENT LE PAIN, LE VÊTEMENT ET LE LOGEMENT NÉCESSAIRES.

L'état, suivant la comparaison reçue, est un père de famille chargé de l'administration de la communauté pour le bien de tous. Les pauvres sont donc ses enfants comme les autres. Si, refusant de s'en charger, il les laissait complètement libres, il pourrait leur dire : Je ne vous connais pas ; je ne vous dois rien, devenez ce que vous pourrez. Mais il s'en charge pour les forcer d'obéir à ses lois ; il les connaît pour les empêcher de se faire justice à eux-mêmes, c'est-à-dire de pourvoir à leur existence. Or, un contrat qui n'oblige qu'une partie, et sans son consentement, comment s'appelle-t-il en justice ? — Un père de famille qui, non content de déshériter presque tous ses enfants au profit de quelques-uns, les force encore à passer leur vie au service des privilégiés qui ne sont pas même tenus de les nourrir, de les vêtir et de les loger, est-il un père de famille ? — Voilà cependant à quoi se réduit la parabole !

« Législateurs ! chacun de nous en naissant tient de Dieu un droit imprescriptible et supérieur à tout : le droit de vivre. Si vous pouvez en régler l'usage, vous ne pouvez pas l'anéantir, et vous devez aux prisonniers de votre légalité au moins autant qu'aux prisonniers de votre justice, à qui vous ne refusez pas le pain, le vêtement, le logement et même l'instruction. Ne traitez pas le pauvre honnête plus durement que le criminel, afin que la vertu ne soit plus un châtiment, ni le sort du forçat digne d'envie (8). Car, croyez-le bien, la crainte de l'infamie tient mal contre la faim, à une époque où tout le monde ne s'accorde plus sur l'idée de crime et de vertu, de honte et d'honneur... Si vous ne voulez pas assurer l'existence des prolétaires dans la société, vous serez obligés de la leur assurer dans les prisons, jusqu'à ce que, devenus bientôt trop nombreux pour y tenir, ils ne vous débordent et ne rentrent malgré vous en liberté ; et alors malheur à vous ! s'ils vous traitent comme vous les avez traités... Ce serait une horrible représaille ? »

Voilà ce que je ne cesserais de crier, si je pouvais me faire entendre des législateurs et des gouvernants.

Par une anomalie prodigieuse, et qui n'est pas la seule dans nos mœurs, nous avons depuis longtemps une loi pour acquitter la dette publique de l'instruction, et nous n'en avons pas pour acquitter la dette de la nourriture ! Comme si, avant de songer à l'esprit, il ne fallait pas songer au corps, ou comme si le besoin de lire était plus impérieux que celui de manger !

Toute nécessaire qu'elle est, la loi de 1833 est du luxe. On peut, après tout, être heureux sans savoir lire ; on ne l'est pas sans pain.

Aussi qu'arrive-t-il ? Le gouvernement a égaré sa sollicitude jusqu'à fournir des livres à des enfants qui manquent de sabots : mieux inspirés que le gouvernement, ces enfants vendent les livres pour se procurer le plus pressé.

J'aime l'instituteur, mais je préfère le boulanger, ou plutôt ils ne devraient pas plus être séparés que l'esprit ne l'est du corps.

A l'entrée de plusieurs villes, un écriteau vous annonce que la mendicité y est interdite sous les mêmes peines que le vol. Les philantropes ont mis de pair le crime et la faim. Mais le besoin, l'ont-ils interdit aussi? — Ils n'y ont pas songé : souffrez, mourez, qu'est-ce que cela leur fait ! pourvu que vos guenilles ne viennent pas comme une accusation vivante toucher sur leurs habits de fête, pourvu que votre pâle visage ne les expose pas à éprouver un remords ! Un pauvre est un cadavre que la société rejette loin d'elle en proie au besoin et à l'oubli ; puis elle vante sa police qui épargne avec le même soin, à ses yeux délicats, les immondices et les misérables !

Dans toute cité un peu importante vous trouvez palais, théâtres, académies, halles, promenades ; chaque ville met sa gloire à s'embellir en embellissements inutiles, à grever son budget de quelque nouvelle dépense d'apparat : à aucune il n'est encore venu à l'idée de bâtir un four où se distribuerait chaque jour une ration à ceux qui prouveraient y avoir droit. Aucune n'a encore songé à allumer, en hiver, un chauffoir public ; à construire un édifice pour recevoir la nuit les pauvres sans asile — je me trompe ! partout on les met en prison... — Aucune, pas même celles qu'entourent les ceintures de landes et de terres incultes, n'a imaginé d'en essayer le défrichement par la partie inoccupée et vagabonde de sa population.

Mais dans toutes les villes vous trouverez des fon-

taines jaillissantes, des colonnes, des statues superbes;
des musées, des jardins botaniques superbes; des
serres et des ménageries superbes, le tout entretenu
à grands frais et pourvu d'un personnel grassement
payé. Les communes les plus obérées, les plus mor-
tes, qui n'ont pas de quoi ouvrir une salle d'asile,
de quoi acheter quelques volumes pour former une
bibliothèque communale, votent fastueusement chaque année des milliers de francs pour procurer à
quelques hobereaux et bourgeois *gentlemen* l'amuse-
ment des courses de chevaux (9) !

Mais, dit-on, si tout le monde avait du pain assuré, il y a une foule de fainéants qui ne travaille-
raient jamais. — J'avoue que je ne vois pas pourquoi
on ne ferait pas une loi pour assurer même aux fainéants le strict nécessaire, puisqu'on en a tant fait
pour assurer à d'autres désœuvrés le superflu le plus
excessif; mais comme les pauvres n'ont certainement
pas le droit d'être oisifs, je ne demande de secours
que pour ceux qui en sont dignes, non-seulement par
leur indigence, mais par leur moralité. On a pourvu
depuis longtemps aux besoins des autres dans de
beaux édifices appelés bagnes, maisons centrales, etc.
Je réclame des maisons centrales pour ceux qui
n'ont de moins que ces autres que de n'avoir ni tué
ni volé, circonstances auxquelles ils doivent d'être
abandonnés de tout le monde. Et qu'on ne s'y trompe
pas : je ne demande au gouvernement que l'accomplissement de son premier et de son plus rigoureux
devoir; il s'empare de tout, se mêle de tout, il doit
pourvoir à tout; il est gouvernement pour défendre
les petits contre l'oppression des grands encore plus

que les grands contre la révolte des petits ; il est ré-
gulateur et ne peut sans forfaiture livrer le pays à
l'anarchie du capital pas plus qu'à l'anarchie du bâ-
ton. Si, s'endormant dans un cercle de bayonnettes
sur le coussin de son inviolabilité, il ne se réveillait
que pour colliger des écus et des conscrits destinés
à protéger des intérêts séparés de ceux du peuple, il
abdiquerait, il trahirait.

Si le clergé comprenait son époque et les vrais intérêts de la religion , il se mettrait à la tête des ins-
tigateurs de cette réforme. La dépravation des mœurs,
il le sait bien , est épouvantable ; les campagnes sont
entamées et vont le disputer aux villes en corruption
précoce et calculée : il combat le mal par les vieux
procédés, sans remarquer qu'il a complètement changé
de caractère. Il avait fait du Diable et de l'enfer les
pourvoyeurs du paradis; le Diable a perdu sa vertu,
l'enfer son mérite : le Diable de notre temps , c'est
le gendarme ; l'enfer moderne, c'est la faim ; or ,
chacun sait combien, en fait de mœurs, le gendarme
est tolérant et la faim dépravante. L'instruction plus
répandue moralise, dit-on , suffisamment : c'est faux !
plus répandue avec la même misère , l'instruction est
le dissolvant le plus énergique de la société , et voilà
tout.

L'instruction ouvre les yeux, fait juger au soleil
de la vérité les hommes et les choses, et rend souvent
intolérable une position qui, sans elle, ne serait pas
sentie. Ce qui décuple aujourd hui le tourment du
pauvre foulé aux pieds, c'est la conscience de son droit
méconnu , de la violation , dans sa personne, des
principes les plus hautement proclamés par ses op-

presseurs. Voilà l'effet redoutable quelquefois de l'instruction, et pourquoi ceux qu'on appelle obscurantistes, ne voulant pas l'égalité, ni l'extension de la vie politique, avaient raison de fermer les écoles. C'était de l'humanité à leur manière, de l'humanité que plusieurs sont, à l'heure qu'il est, réduits à regretter... Nous avons tous des droits en France, mais avons-nous tous des moyens? Et à quoi bon des droits dont on ne peut user! — L'instruction montre qu'autant il est absurde de vouloir pour tous une vie de loisirs et de fêtes, autant il est inique de priver personne du nécessaire, et les écoles se multiplient et la population augmente.....

Caveant consules !

Pour ce qui regarde plus particulièrement la morale, s'il est reconnu que les sociétés ne vaillent que par les mœurs et que les femmes fassent les mœurs, qu'attendre d'un état où, sans argent, la femme n'est rien?

Permettez-lui du moins d'échapper à la prostitution, vous qui déclamez tant contre les vices et faites si peu pour en detruire la source.

Peut-on, de bonne foi, espérer qu'épuisée de privations, conseillée par l'exemple, incitée par un tempérament que Dieu lui a donné comme il a donné leurs boutons et leurs fleurs aux arbres des forêts, la jeune fille pauvre restera toujours sage lorsqu'à chaque pas l'opulence l'enveloppe de séductions, lui offre de l'or et des plaisirs en ne lui demandant pour retour que de renoncer à sa misère et à sa vertu? — Il en est qui résistent héroïquement; mais presque toutes succombent et doivent succomber. — Il y aurait ici de lamentables scènes à exposer ; chacun s'en fait une idée, mais l'affreuse vérité dépasse peut-être tout ce qu'on imagine.

On a établi dans plusieurs villes des congrégations pour les jeunes filles du peuple ; qu'en retirent-elles ? Les chefs de ces réunions ont osé demander à de pauvres ouvrières la dîme de leur stérile travail pour orner l'autel, bâtir une plus jolie chapelle, un presbytère plus confortable, etc. , et l'on a vu de ces douces victimes manger du pain sec une fois de plus par semaine, pour avoir le dimanche les 10 c. destinés quelquefois à payer le prédicateur lui-même ! Par ce moyen, l'autel est fort paré, mais la jeune fille n'a pas de chemise ; le jésuite se bâtit une riche demeure, mais la jeune fille meurt à l'hôpital d'une maladie que ses compagnes appellent *faiblesse*, les médecins *phthisie*, et dont le vrai nom est MISERE.

La misère, considérée comme une honte, est par cela seul une dépravation, et le premier pas dans la route sans terme de l'infamie. La personne dont l'existence dépend d'autrui, perd, en cessant d'être libre, toute la moralité de ses actions ; elle devient la *chose* de celui qui s'en sert pour sa fortune ou son plaisir. C'est le cas où se trouvent les trois quarts des filles du peuple, qui, ainsi, sous un nom ou sous un autre, deviennent fatalement chaque année la proie du minotaure nouveau.

Et chaque fibre d'un cœur de prêtre ne saigne pas à ce spectacle ! Et il n'y cherche pas d'autre remede que des oraisons et des amulettes !

Mais comment l'espérer ?

Croira-t-on qu'un grand nombre de chefs de l'Eglise sont assez alourdis, assez maussadement crétinisés pour traiter d'impiété la bienfaisance publique? Oui! sous prétexte que Jésus-Christ aurait dit que nous aurons toujours des pauvres, ces doctes gens ont découvert qu'essayer d'abolir la mendicité, c'est aller contre la parole de Jésus-Christ, c'est détruire la charité en ôtant l'occasion de l'exercer! — Ce n'est pas assez d'avoir rendu une partie de l'Evangile ridicule, les tristes interprètes travaillent à le rendre haïssable. — L'aumône chiche et pesée de quelques sous, à la porte du presbytère, sur la présentation du billet de confession, un pain de quelques livres par quinzaine, un fagot par mois, enfin trop pour mourir, trop peu pour vivre, voilà pour eux la perfection de la charité chrétienne : palliatif plus funeste qu'un refus formel, car il dégrade le pauvre, entretient tous les maux et n'en guérit aucun. (10.)

Plusieurs catholiques repoussent, il est vrai, cette coupable doctrine ; mais elle a de nombreux adhérents dans le haut clergé dont elle justifie le luxe et la réelle indifférence pour les malheureux.

Comment pourrait-on, sans révolution et en conservant la forme actuelle de gouvernement, fournir à tout le monde le nécessaire? — Par les économies et les changements indiqués plus bas.

II.

L'ÉTAT NE DEMANDE RIEN A QUICONQUE NE JOUIT PAS
D'UNE AISANCE DÉTERMINÉE PAR LA LOI.

L'impôt doit être l'emploi au profit du public de l'excès de fortune de chacun. S'il est autre chose, c'est une spoliation, à moins de circonstances exceptionnelles où tous sont obligés à des sacrifices. Si cette définition est exacte, n'est-il pas évident que celui qui possède à peine le nécessaire pour lui et pour les siens n'en doit, n'en peut rien céder à personne?

Que penser donc de ceux qui demandent à un malheureux, sous peine d'expropriation, et quelle expropriation, ô Providence! sous peine de prison, sous peine de honte, de déshonneur, l'argent que souvent ce malheureux n'a pas!

Mais pour le punir ainsi de ne pas satisfaire à vos exigences, vous êtes-vous, du moins, enquis de lui par le passé? Lui avez-vous prêté des outils, offert du travail? Lui avez-vous donné, comme le maître de l'Evangile à son serviteur, une somme à faire valoir?......— Non! — Vous l'avez oublié, dédaigné jusqu'au jour où il vous a paru une proie digne de vous, et quand il a essayé de se lever et de marcher de ses propres forces, vous êtes apparus, et lui avez dit : Paie ou meurs!

Est-ce là de l'ordre?

Le peuple a un proverbe d'une énergique naïveté

pour exprimer cette rapacité fiscale : *Où il n'y a rien*, dit-il, *le roi perd ses droits*. Oui, mais il faut que le roi (c'est-à-dire ici le *fisc*) perde ses *droits* un peu avant qu'il n'y ait plus rien ; non pas pour être juste encore, mais pour cesser d'être barbare.

On a tant crié contre la corvée seigneuriale ; la corvée du moins ne demandait au vilain que les deux bras et les deux jambes accordés par Dieu à tous les hommes ; tandis que ce qu'il vous faut, à vous, c'est le gain de ses bras et de ses jambes, c'est de l'argent, et s'il n'en a pas, vous l'en punissez comme s'il y avait de sa faute !

Quand la loi sera faite pour tout le monde, elle ne demandera à chacun que ee qu'il peut fournir, et l'on ne verra plus vendre à la criée *de par le roi, la loi et justice*, les couchettes de paille d'une famille coupable de n'avoir pas eu assez d'argent pour contenter *le roi, la loi et justice*.

Quand la loi sera faite pour tout le monde, le créancier riche n'expropriera plus le débiteur insolvable, et le créancier, moins riche que le débiteur, ne poursuivra celui-ci que jusqu'à réduction de sa fortune au niveau de la sienne.

Parce qu'un riche qui prétend exercer son droit contre un pauvre n'exerce qu'une nouvelle spoliation ; parce qu'un pauvre doit traiter les autres comme il voudrait en être traité ; parce que, enfin, c'est le seul moyen d'arriver à l'égalité politique qui sera toujours un mensonge, comme la liberté une ironie, tant que les riches tiendront dans leur main l'avoir, l'état et jusqu'à l'honneur de leurs concitoyens.

Il est monstrueux qu'un homme ait, sous aucun prétexte, le droit d'en exproprier un autre qui ne possède que le nécessaire, et de le plonger à jamais dans une misère dont la honte retombe sur celui qui l'endure, au lieu de flétrir celui qui la cause.

L'infamie n'est pas d'être malheureux, elle est d'être bourreau. — Ce champ, il l'avait cultivé de ses bras, arrosé de ses sueurs, c'était une partie de lui ; cet état, c'était sa vie et celle des siens, et vous l'en dépouillez ! Au nom de quoi ?

Malédiction sur quiconque enfonce la couronne d'épines dans le crâne de son frère, se nourrit de sa chair, s'abreuve de son sang ! Ce n'est plus un homme, c'est une bête féroce.

III.

AU DEGRÉ D'AISANCE DÉTERMINÉ, CHAQUE ENFANT VIENT EN DÉGRÈVEMENT DE L'IMPOT DE LA FAMILLE.

La répartition doit être calculée de manière que ceux qui paient la même somme se trouvent à peu près dans la même position. Or, je suppose deux familles, possédant chacune mille francs de rentes, l'une sans enfants, l'autre en ayant dix : si elles paient la même cote parce que leur revenu est le même, pourra-t-on dire cependant qu'elles ne sont pas plus imposées l'une que l'autre et que les enfants ne changent rien à la question?

Il est évident que la seconde acquitte deux sortes de dettes : la dette en argent et la dette en citoyens, tandis que l'autre n'acquitte que la dette d'argent. Dira-t-on que c'est la plus nécessaire? il faut donc avouer que la patrie a plus besoin d'argent que d'hommes, et qu'elle existerait plutôt sans citoyens que sans écus.

Voilà cependant où nous arrivons forcément : à reconnaître que les services secondaires sont appréciés, donnent des droits, tandis que les services essentiels sont comptés pour rien.

Tout est si parfaitement combiné qu'un père de famille de dix enfants payant 199 fr. 50 c. d'impôt, n'a pas la faculté de présenter la contribution de ses dix enfants en complément des dix sous qui lui manquent pour atteindre la somme sans laquelle, à un centime près, il n'a pas plus que Châteaubriand ou Lamennais le droit de se mêler des affaires de son pays, tandis que ce droit est largement octroyé au manchot sans enfants et sans instruction, par le mérite des 200 fr. qu'il paie pour son commerce de brosses et de bouchons.

De sorte qu'il est vrai de dire que, politiquement parlant, *dix enfants* ne valent pas aujourd'hui *dix sous*, et que des célibataires peuvent mesurer tout à la fois aux pères de famille la dette de l'argent et l'impôt du sang, c'est-à-dire leur imposer double bât, sans que ceux-ci puissent, en aucun cas, se prévaloir de cette surcharge.

La noble réponse de Cornélie serait maintenant une absurdité.

Voyez si jamais les peuples anciens ont su rien faire de comparable à notre loi électorale, qui, en vertu de la souveraineté de la nation, livre le gouvernement à quelques milliers de privilégiés, et fait sortir, du pays le plus démocratique du monde, l'oligarchie la plus besogneuse et la plus impuissante.

Vous êtes chef d'atelier, assez éclairé pour prendre votre fusil de garde national et vous en servir dans la rue contre l'émeute ; mais vous êtes trop ignorant pour dire lequel de vos concitoyens vous paraît le plus honnête homme : un vote, entendez-vous, est plus sérieux qu'une balle.

A force de finesses, dont le vrai nom est escroqueries, Jérôme est arrivé à payer 1500 francs d'impôts : il a sept fois plus de probité qu'il n'en faut pour être électeur, et trois fois plus qu'on n'en demande pour être éligible. Après s'être enrichi par la banqueroute ou l'usure, il a chance de faire des lois contre les banqueroutiers et les usuriers. C'est même une des plus dignes manières *de tirer l'échelle après soi.*

La capacité, l'honneur, le patriotisme, sont choses brûlables, noyables et volables.

L'incendie, en dévorant la maison de Jean a dévoré sa capacité ;

La tempête, en coulant le navire de Pierre, a coulé son honneur ;

Le voleur, en volant la bourse de Paul, lui a volé son patriotisme.

N'a-t-on pas vu dernièrement, parmi des jurés appelés à juger une accusation d'excitation à la débauche, l'*honorable* chef d'une maison de tolérance, non moins *honorable* puisqu'elle paie une grosse patente? — Ne regardez pas à la profession, mais au produit. Là est la valeur de l'homme.

L'instituteur n'est pas plus électeur que le garde national, quoiqu'il ait plein ses poches de brevets de capacité et de certificats de moralité.

Mais le marchand de bœufs que voici l'est plusieurs fois : voyez autour de ses reins sa sacoche, sans compter ses bœufs! — Il aurait des ânes, que ce serait la même chose. La loi ne distingue pas.

Honneur, capacité, probité, patriotisme, tout cela peut se perdre en chemin si vous voyagez dans une voiture dont la bâche soit mal ficelée. Prenez donc garde à bien serrer, quand vous voyagez, votre capacité et votre patriotisme, de peur de les perdre ou que quelque fripon ne vous les vole.

Vous tomberiez du rang d'électeur à celui de simple contribuable, à rien.

IV.

L'IMPOT EST PROPORTIONNEL AU REVENU JUSQU'A UN CHIFFRE AU-DESSUS DUQUEL IL EST PROGRESSIF.

Au-dessous de dix mille francs de rentes, l'impôt serait simple, mais au-dessus il devrait augmenter

progressivement jusqu'à cent mille francs où il at-
teindrait le quart du revenu.

On dit maintenant : Vous avez 100 fr. de rentes, par
exemple, vous payez 5 f.; votre voisin a 100,000 fr,
il paie 5000 fr., la proportion est exacte : vous ne
payez ni plus ni moins l'un que l'autre.

La proportion est exacte en arithmétique, mais
non en équité. En effet, les 5 fr. que je suis forcé de
vous donner, je les prends sur mon nécessaire ; ses
5000 fr., mon voisin les prend sur son superflu, est-
ce la même chose ? Il lui reste encore 95,000 fr., dix
fois plus qu'il ne lui faut pour vivre à sa fantaisie,
tandis qu'il ne me reste plus, à moi, que 95 fr.
moins que je ne dois pour mon loyer. En un
mot, il n'a rien payé puisqu'il ne s'est rien re-
tranché, et j'ai beaucoup trop payé, puisque je
n'avais pas de quoi vivre et que j'ai encore diminué
le peu que j'avais. Si l'on admettait ma proposition,
un homme de 100,000 fr. de rentes, donnerait
25,000 fr. serait-il bien à plaindre d'être réduit à
75,000 ? Il paierait plus qu'aujourd'hui, mais infiniment moins encore que l'ouvrier, obligé de prélever ses contributions sur son travail. Le denier de
la veuve n'eut tant de valeur que parce qu'il lui était
précieux : les petites contributions sont les deniers
des pauvres.

L'impôt devrait, à la rigueur, porter exclusivement sur les riches : à qui profite l'état social, sinon
aux riches ? et à quoi servent les impôts, sinon à
l'entretien de ce même état social ? Quand ils contri-
bueraient donc seuls au maintien d'un ordre dont ils
profitent seuls, ce serait justice, car il est incontes-

table que celui qui ne jouit pas, ne doit pas. Cependant le riche, à bien dire, ne donne jamais rien : c'est toujours le pauvre qui paie, puisque les revenus de l'un ne sont que le produit du travail de l'autre.

Il n'y a qu'une seule objection, qui n'est pas sérieuse : le riche se fâcherait ! — Le malheur serait grand, car *la colére est terrible, surtout celle du roi lion*. Mais, enfin, quand même nous en viendrions à cette extrêmité dont rien ne nous menace, de n'avoir plus de rentiers de 50, 100, 500 mille francs et davantage, encore faudrait-il se consoler en pensant que des consommateurs de cet ordre ne sont pas absolument nécessaires.

J'entends bien aussi que les villes modifieraient le tarif de leurs octrois, et que si une barrique de vin de 60 fr. continuait de payer 20 fr. d'entrée, la barrique de 600 fr. paierait 200 fr. et non 20 fr. comme aujourd'hui : parce que je ne dois pas payer, moi qui suis pauvre, 30 fois plus que mon voisin qui est riche ; parce que, au contraire, c'est moi qui devrais payer 30 fois moins et lui 30 fois plus.

V.

AUCUN CÉLIBATAIRE N'OCCUPERA D'EMPLOIS PUBLICS TANT QU'ILS SERONT SOLLICITÉS PAR DES PÈRES DE FAMILLE CAPABLES DE LES REMPLIR.

Plusieurs raisons demandent cette réforme, mais les deux plus décisives sont de donner les places à ceux qui, à mérite égal, y ont le plus de droits, et de détruire une des sources principales de la corruption des mœurs.

Tout s'achète maintenant et se calcule. Il ne manque pas de gens aussi pourvus de cervelle que dépourvus de cœur, très-habiles à supputer à combien revient une maîtresse, à combien une épouse, et qui voyant l'attrait de la variété se joindre à l'avantage du bon marché (à moins qu'il n'y ait une grosse dot, auquel cas le célibataire s'engage tout de suite), restent garçons par spéculation, et surtout par crainte des enfants, peut-être nombreux, dont ils seraient obligés de se charger dans le mariage, ce qui leur paraît ruineux et désagréable tout ensemble.

Non que ces sages-là n'aient pas des enfants : ils en ont souvent beaucoup au contraire; seulement ils ne les reconnaissent pas, ils les mettent dans les hospices à la charge du public qui paie ainsi doublement pour leurs plaisirs.

Malheur au pays chargé de fonctionnaires ! chacun de ces hommes est un rouage de la machine qui l'épuise. Le dernier commis du dernier bureau lève le nez à votre approche, à vous contribuables, plus haut que le roi n'oserait. Il faudra bientôt se traîner à genoux et sur les mains pour aborder ceux que nous payons.

Mais puisque c'est aujourd'hui un mal accepté, devrait-on voir ces administrations paperassières, dont la France est couverte, envahie par des jeunes gens occupés à y étaler la présomption de leur âge et leur morgue d'*employé*, au préjudice de tant d'hommes instruits, et pères de famille, pour qui ces places, puisqu'elles existent, seraient un état ? Au lieu d'une seule, le gouvernement aiderait ainsi dix personnes, peut-être avec les mêmes frais, et son intérêt comme son devoir n'est-il pas de dépenser ses revenus au profit du plus grand nombre, de s'attacher les générations qui grandissent en aidant à les élever ?

Non ; les places se donnent par faveur, hasard ou caprice. Aucune haute pensée ne décide du choix et, en général, pourvu que le candidat soit protégé, souple et flatteur, c'est-à-dire nul ou hypocrite, il est toujours bon — surtout s'il n'est pas marié. Jusqu'alors un jeune homme ouvre aux espérances les plus romanesques un champ sans limites. Chaque protecteur, et surtout chaque protectrice, aime à s'attribuer au moins une petite part dans ces succès futurs dont le reconnaissant jeune homme ne peut, selon eux, manquer de leur faire hommage. Tandis qu'un homme marié, un prosaïque et banal père de famille, c'est tout venu, cela n'a qu'un présent assez triste, une femme, des enfants, et un avenir sur lequel il n'y a pas moyen de bâtir le moindre château en Espagne.

Aussi voyons-nous des jeunes gens de 40 ans, bien

décidés à rester jeunes gens toute leur vie , tant cet
état leur sourit :

Loin de favoriser ainsi la vie de garçon, je voudrais que tout célibataire arrivé à l'âge de 30 ans, fût,
à moins de causes dont un tribunal déciderait, sou-
mis à un impôt spécial, afin de rétablir l'équilibre
et de ne laisser personne profiter des avantages de la
vie sociale sans en supporter les charges.

Les célibataires , surtout les riches et ceux qui
occupent les hauts emplois, sont les vrais frélons de la
société.

VI.

IL N'EST POINT ALLOUÉ DE TRAITEMENT AU FONCTIONNAIRE

QUI POSSÈDE DÉJA DIX MILLE FRANCS DE REVENUS.

La carrière des emplois publics devant être avant
tout une carrière d'honneur et de dévouement à ses
concitoyens, ne peut pas devenir un moyen de fortune. Personne n'y doit trouver que le nécesssaire,
puisque le payeur est le peuple qui n'a pas ce nécessaire. Or, tout homme possédant un revenu de dix
mille francs est au-dessus du besoin, et ne doit par
conséquent rien demander au peuple.

D'un autre côté, les richesses , pour profiter au
plus grand nombre possible, doivent être divisées le
plus possible. Celui qui touche déjà 10,000 francs

comme propriétaire ne peut pas toucher encore dix autres mille francs comme fonctionnaire, sans venir deux fois pour deux fortes parts au partage des richesses nationales ; et s'il en prend deux, il n'y a pas de raison pour qu'il n'en prenne pas trois, quatre, le plus qu'il pourra, comme cela se pratique aujourd'hui. Alors il faut se résigner à voir toujours l'extrême misère servir de piédestal à l'extrême opulence, cent misérables pour faire un riche ; car si le sol est assez fertile pour nourrir et vêtir abondamment tout le monde, il ne le sera jamais assez pour donner à la moitié de ses habitants la moitié de ce revenu (11).

Il faut se mettre en garde contre cette vile maxime que les flatteurs payés du pouvoir, les massifs adorateurs du *Dieu-Écu* vont répétant depuis quelques années : qu'il faut beaucoup d'argent pour obtenir beaucoup de considération. L'exemple des maires des grandes villes qui exercent gratuitement des fonctions souvent pénibles, et toujours fort considérées, fort recherchées ; celui des membres des tribunaux de commerce, celui des officiers de la garde nationale, montrent assez ce que l'on pourrait obtenir dans toutes les administrations en s'adressant uniquement à l'honneur.

De la considération ! Où en trouverait-on plus que dans l'emploi de son temps et de ses soins pour le bien public, sans autre récompense que ce même bien public ? Il n'y a que des âmes de boue capables de préférer à ce mobile celui de l'argent. Ne nous étonnons pas de le voir adopté, glorifié par une coterie qui n'a de cœur que pour braver la honte (12).

Quand un pays en est arrivé à ce degré d'abaisse-ment qu'on peut impunément lui dire tout haut, au milieu de la gêne générale, que l'estime se mesure au volume de la bourse, ce pays doit s'attendre à être prochainement ruiné par ses maîtres, à moins qu'ils ne renoncent d'eux-mêmes à toute l'*estime*, à toute la *considération* qu'ils peuvent se procurer... Et vraiment ce serait de leur part une générosité qu'il faudrait appeler d'un autre nom.

VII.

LE MAXIMUM DU TRAITEMENT DES FONCTIONNAIRES EST DE DIX MILLE FRANCS.

Cette reforme s'explique par les mêmes raisons que la précédente. Le peuple ne doit à ses fonction-naires que le nécessaire ; ceux qui savent s'en con-tenter auront assez de dix mille francs, les autres sont des industriels indignes de le servir.

Indépendamment de l'économie, ce serait pour la nation un grand avantage de se débarrasser de ces hommes de lucre que tous les pouvoirs achètent parce qu'à la place de leur conscience il y a un sac. Ce serait aussi un acte de haute moralité que de lui épargner le spectacle dépravant de l'apostasie, de la trahison de ce peuple de fonctionnaires, toujours placé, par le machiavélisme gouvernemental, entre sa fortune et son devoir.

On s'étonne de tant de capitulations de consciences devant l'appât d'une place capable d'enrichir en dix ans le titulaire; c'est le contraire qui serait étonnant. Les martyrs sont rares, surtout en politique, et dans un siècle où l'honneur c'est l'argent. Aussi le pouvoir le sait, et ne renoncera pas sans y être forcé à cet infaillible moyen d'action, qui ruine le pays sans doute et le corrompt ; mais un pays corrompu et ruiné est un pays à souhait pour le despotisme.

La corruption s'exercera aussi bien avec des traitements de dix mille, cinq mille et deux mille francs. Soit ! mais du moins la chose coûtera moins cher, quoique beaucoup trop encore, et c'est un avantage que d'avoir pour dix mille francs ce qui s'achète aujourd'hui jusqu'à cent mille, sans plus de garantie.

Il ne faut pas craindre de ne plus trouver en France, à ces conditions, d'hommes de mérite pour les postes importants. Le vrai mérite est toujours désintéressé ; et, le maximum abaissé, les mêmes avantages que l'on croit voir dans l'émulation hiérarchique se reproduiraient.

D'ailleurs, le zèle n'est pas chez tout le monde alimenté par l'envie de parvenir ou de s'enrichir, et c'est faire injure à une foule de fonctionnaires que de ne les supposer accessibles qu'aux sentiments vulgaires de trafic et de négoce. Personne ne remarque que la magistrature, l'université et l'armée manquent de zèle et de dévouement : excepté le premier président et le procureur-général, aucun magistrat n'est cependant payé plus de 4 ou 5000 fr., les recteurs d'académie n'ont que 6000 fr., et les colonels à peu près le même traitement. Puisqu'on trouve des curés et des instituteurs de campagne pour moins de mille francs, il faut bien reconnaître que l'argent ne paie pas tous les services, et même qu'en général les plus utiles et les plus pénibles sont les moins rétribués. Il n'y a probablement pas un seul desservant dont le zèle vienne de la pensée qu'il pourra gagner la mître, ni un seul instituteur qui vise au rectorat : néanmoins j'ose penser que plus d'un desservant serait un très-digne évêque et plus d'un instituteur, un recteur capable, — comme je ne doute pas que nous n'ayons en ce moment sous les drapeaux plus d'un héros à 2 sous par jour qui n'aura jamais même la croix, et n'en fera pas moins bien son service.

Avec l'honneur on peut remplacer l'argent, mais l'argent ne remplace rien : il n'y a entre ces deux mots aucune corrélation, et toutes les subtilités ne feront pas que celui qui ne remplit son devoir qu'à proportion qu'on le paie ne soit un malhonnête homme, comme ceux qui travaillent à répandre l'amour de la richesse sont des citoyens dangereux.

VIII.

La réduction de la rente réclamée depuis 1824 par les hommes les plus compétents n'est plus combattue que sous le rapport de l'opportunité ; lisez : que sous le rapport de l'inconvénient de diminuer d'un cinquième le revenu de quelques législateurs.

Mais non-seulement il faut diminuer la rente, il faut soumettre le rentier au même impôt au moins que le propriétaire : parce que son argent ne lui valût-il que 4 p. 0/0, lui rapporterait plus encore que celui du propriétaire rural, dont le revenu doit servir de base à l'intérêt ; parce qu'il ne subit point de dépenses de réparations et que le propriétaire en supporte ; parce qu'il est payé régulièrement et que le propriétaire ne l'est pas toujours ; parce qu'enfin il n'est point exposé, comme le propriétaire, à des pertes, accidents et non locations.

D'autres raisons déduites d'un autre point de vue commandent encore cette réforme : le gouvernement tue l'industrie privée en empruntant à des conditions tellement favorables et avec des garanties telles que lui seul en peut offrir de pareilles ; les capitaux, à peine sortis de la monnaie, au lieu de vivifier l'agriculture et le commerce en circulant dans le pays, rentrent dans les caisses du trésor, restent improductifs, ou servent aux jeux de bourse, aux spéculàtions les plus hasardeuses, les plus aléatoires, et par conséquent les plus coupables.

Il n'y a d'argent bien employé et vraiment productif que celui qui roule sans cesse dans l'agriculture et le commerce ; et toute institution, toute entreprise qui l'en retire en quantité trop considérable est nuisible au pays. (13).

IX.

LES OBJETS DE LUXE QUELCONQUES SONT TAXÉS EN RAISON DE LEUR LUXE OU DE LEUR VALEUR.

Qui m'expliquera comment il se fait que les choses les plus nécessaires à la vie, que l'air lui-même soit depuis si longtemps taxé, et que les chiens de chasse, les chevaux de parade, les voitures, les blasons, les livrées, les laquais, les serres, les orangeries d'agrément, etc., ne le soient pas encore ?

Cependant, s'il est vrai que les plus riches doivent payer le plus, et les superfluités vaniteuses avant les objets indispensables, au lieu d'imposer les chaumières, les petites boutiques, les ouvertures destinées à verser chez le pauvre l'air qui l'empêche d'étouffer, ne devrait-on pas taxer d'abord, outre ce qui précède, les balcons, les grilles, les remises, les titres de barons, comtes, marquis, dont tant de bourgeois mal savonnés s'affublent pour imposer aux sots? Les châteaux, les parcs, les maisons de campagne ne devraient-elles pas payer proportionnellement vingt fois plus que les métairies, les terres labourées?

Pense-t-on que, si, au lieu d'être votées exclusivement par les habitants des châteaux, les propriétaires de parcs, de livrées et d'équipages, les lois étaient discutées par quelques laboureurs et ouvriers, il n'y a pas longtemps que cette iniquité aurait disparu?

Je demande pourquoi le luxe n'est pas taxé : mais parce que ceux qui font les lois les font pour eux !

Ceux qui ont décidé qu'une barrique de vin de 50 francs paierait autant de droits de ville qu'une barrique de 1000 fr., sont des gens qui ne boivent point de vin de 50 fr., comme ceux qui, pour toute garantie, n'ont demandé au législateur qu'une condition d'argent, sont des gens bien sûrs de toujours remplir assez cette condition, impossible d'ailleurs pour presque tout le monde.

Aussi longtemps cependant que la nation demeurera partagée en castes, classes et rangs, différents de mœurs, opposés d'intérêts, l'union et l'harmonie seront impossibles. Quelque résigné que paraisse le parti vaincu, l'instinct de la liberté et de la justice le soulèvera invinciblement contre ses oppresseurs, et les guerres civiles se perpétueront comme les guerres de peuple à peuple, ou plutôt de chef à chef, qui ne sont elles-mêmes que des guerres civiles sur une plus grande échelle, tant que l'on n'aura pas trouvé le moyen de concilier dans le monde l'ordre et la liberté, la justice et les lois.

Dans ces luttes acharnées et sans cesse renaissantes que les hautes classes se sont livrées entre elles, le peuple a rempli jusqu'ici le rôle de baudet : on lui a demandé son dos qu'il a offert sans calcul, sans condition, habitué qu'il est à servir et à se taire. Deux ou trois fois cependant, poussé à bout, il s'est montré rétif et a même rué un peu rudement contre la classe haute ; mais elle s'est bientôt remise en selle avec nouveau fouet et nouveaux éperons, tâchant de lui expliquer, à cette méchante bête, qui se fâche quand on l'écorche, que son intérêt est d'être docile et gentil ; qu'il a besoin d'être tantôt contenu et tantôt piqué, et que c'est pour cela, uniquement pour cela, que, elle, la classe haute, qui n'a nul besoin de lui, daigne cependant le brider et le monter.

Et, reprenant son allure, le peuple trottait de plus belle, et trotte toujours, la classe haute sur le dos.

X.

ABOLITION DU SYSTÈME D'ADJUDICATION POUR LES ADMINISTRATIONS PUBLIQUES.

Comment a-t-il pu entrer dans l'esprit d'un homme possédant les plus simples notions de la véritable politique, convaincu de l'identité des intérêts du peuple et de ceux du pouvoir, de chercher cependant le bien de l'un dans la perte de l'autre ? Pour n'en citer qu'un exemple frappant, je prends les adjudications au rabais, et je demande par quel renversement de bon sens ou d'équité une administration peut y recourir...... Car de deux choses l'une : ou les prix sont établis raisonnablement, et alors toute diminution force l'adjudicataire à perdre ou à frauder dans la proportion du rabais, alternatives également immorales ; ou ces prix sont trop élevés, et l'on a eu tort d'en laisser la fixation à des ignorants.

Je ne comprendrai jamais qu'une administration vienne dire à un particulier : voici une dépense de 100 mille francs que je ne veux pas payer son prix. Voyons, qui se présente contre moi....—Vous acceptez la besogne pour 98 mille francs, parce que vous êtes consciencieux et avez besoin de travail ; mais c'est précisément pour cela que vous ne l'aurez pas.—Votre concurrent qui la demande pour 95 mille francs ne l'aura pas lui-même, parce qu'en voici un autre plus riche ou plus aventureux que vous deux, qui va me la prendre pour 90 mille francs.—Je vais gagner sur lui 10 mille francs net, et s'il ne me livre pas ensuite pour 90 mille francs un bon travail de 100 mille francs, je le poursuivrai judiciairement suivant mon droit.

Voilà, non pas ce que disent, mais bien mieux, ce *que font* les administrations publiques !

Un homme s'est engagé, il y a six mois, à fournir pendant un an 20 mille hectolitres de blé à 25 francs l'hectol. Depuis trois mois le blé est à 40 fr. C'est un homme ruiné, par conséquent un gueux.

Un autre, dans un an prend la même fourniture à 40 fr. l'hectolitre. Le blé tombe quelques mois après à 20 fr.; c'est un homme enrichi, par conséquent un honnête homme — un électeur — un éligible.

Ils n'ont cependant rien fait de plus ni de moins l'un que l'autre, ils ont joué tous deux à l'adjudication, et le hasard a décidé.

L'adjudication devait disparaître avec la loterie.

Quant aux résultats, voyez : on dit partout que nous ne savons plus travailler, rien faire de durable. L'Arc-de-Triomphe, la Bourse, la Magdeleine, à peine achevés, se lézardent et menacent ruine.

Dans presque toutes les garnisons, dans les hospices, les vivres sont falsifiés, parce que les adjudicataires ont tous intérêt à faire et à donner le plus mauvais possible.

Des fraudes que l'on explique dans l'industrie privée, où grâce à une concurrence sauvage l'honneur est ordinairement la mort, ne seront plus employées par le Gouvernement, lorsqu'il comprendra que son devoir est de s'occuper de tous et de chacun, de faire régner la justice et la fraternité. Il s'informera dans chaque localité des chefs d'ateliers les plus probes, les plus habiles, les plus laborieux, et ne leur confiera ses travaux et fournitures, généreusement payés comme il convient à un gouvernement, qu'à la condition de partager la plus grande partie des bénéfices avec leurs ouvriers. Ce sera vraiment alors une œuvre administrative, bienfaisante, un encouragement à la probité et au travail, une récompense du talent; ce sera un exemple donné aux particuliers, tandis qu'aujourd'hui ce n'est qu'un agiotage, qu'une ignoble lutte de ministre à maçon.

Si le gouvernement turc faisait travailler en

France, il ne s'y prendrait pas autrement que le gouvernement français, il ne mettrait pas entre lui et l'adjudicataire un antagonisme plus ouvertement hostile. L'administration doit cesser de traiter les administrés comme des ennemis, afin que ceux-ci voient en elle ce qu'elle doit être : une Providence.

Je m'arrête, et reviens à l'objet principal.

J'ai promis d'indiquer assez d'économies et de réformes pour procurer le pain et le vêtement à tous ceux qui en manquent. Evaluez, par approximation, de combien la suppression du traitement des préfets, des receveurs-généraux, des premiers présidents de cour royale (14) et des gros sinécuristes (qui puisent si largement dans un budget que plusieurs ont le plaisir de se voter à eux-mêmes) ; la réduction de tous les autres traitements au maximum de dix mille francs, allégerait les dépenses de l'Etat, et jugez combien de pain et d'étoffe on pourrait dans ce seul article trouver pour les indigents.

J'ai dégrevé beaucoup d'objets, mais, outre qu'en général ils ne rapportent que de petites sommes dont la répétition, quoique très-multipliée, ne forme pas un chiffre fort élevé, je les ai compensés et au-delà par l'augmentation progressive de l'impôt des riches ; de sorte que le gouvernement, s'il pouvait admettre ces projets, gagnerait encore le produit du luxe, la réduction de la rente et l'imposition des rentiers, dont il pourrait se servir pour de nouvelles améliorations.

Mais que dis-je ? A-t-il jamais suffi qu'une réforme fût juste, nécessaire, pratique, pour être réalisée ?

Les législateurs et les rois n'ont-ils pas vu, comme tout le monde, le bien qu'ils pouvaient faire et qu'ils n'ont pas fait ?

Le bien est difficile, nous avons besoin de nous le rappeler pour ne pas maudire les puissances et leur tenir compte des obstacles extérieurs qui arrêtent souvent l'accomplissement des meilleurs projets. Il y a pour les pauvres dans les hautes sphères, comme dans les classes intermédiaires, de vives sympathies qui se traduiraient sans doute en actes plus efficaces, sans les liens de la naissance, la tyrannie des usages ou le respect d'engagements antérieurs sur lesquels on ne croit pas pouvoir honorablement revenir.

On peut sans crainte affirmer qu'en ce moment tout cœur souffre, toute intelligence travaille.

De son côté, le peuple entretient quelquefois avec une déplorable obstination les préjugés dont il est la victime, et ce ne sont pas toujours les riches qu'il faut combattre pour le soulager, c'est lui-même, comme c'est lui, qui, lorsqu'il a été momentanément plus libre, a, par d'affreux excès, nécessité sa remise en tutelle.

Loin de moi la pensée d'établir ici la vertu par catégorie, non plus que le crime ! Dans toutes les classes, dans tous les rangs, plus de nos jours que jamais à cause de la fusion plus grande des idées, il y a de nobles sentiments et une heureuse disposition à se faire réciproquement les conditions devenues indispensables, et c'est de la réunion de tant d'aspirations solitaires, de tant d'efforts partiels, que je voudrais voir enfin sortir pour notre beau pays une législation fraternelle et chrétienne.

Sans doute, il reste encore à déblayer le terrain de bien des passions anciennes et vivaces qui lutteront jusqu'à la fin contre l'établissement du règne de la justice, et cela doit être.

Les abus sont devenus si respectables, si sacrés, qu'en rappelant les princes des prêtres à l'humilité et surtout à la charité, je paraîtrai impie à ceux qui mettent la religion dans le faste de ses ministres et le spectacle de ses cérémonies — pieux idolâtres qui se croient chrétiens parce qu'on leur a dit qu'ils étaient baptisés ! — En réclamant des lois plus équitables, une plus juste répartition des revenus et des charges, je paraîtrai anarchiste à ces trembleurs bien lotis, pour qui l'ordre est un mélange d'immobilité, de silence et de peur, qui symbolisent la religion, le roi et la patrie, dans leur pot-au-feu.

Cependant je n'ai point demandé, comme naguère des prêtres éloquents et dévorés de zèle, qu'on ramenât le clergé à la besace apostolique et à l'eau du torrent (15) ; je n'ai point touché la question brûlante, et partout débattue, du *droit de propriété et de succession*; de ce droit en vertu duquel une ferme cultivée pendant cent ans de père en fils par les mêmes fermiers, appartient toujours à celui qui en a hérité, parce qu'il en a hérité, appartiendra jusqu'à la fin du monde à ses successeurs parce qu'ils en héritent, et pas plus que le premier jour aux arrière-petits-fils de celui qui, par lui ou les siens, l'aura augmentée du double et peut-être dix fois payée !

Je prends les choses telles qu'elles sont, et je crois avoir prouvé qu'il est facile d'en tirer meilleur parti *sans révolution, sans expropriation*, en supposant simplement quelque bonne volonté dans ceux à qui il importe surtout de prévenir les catastrophes.

Il ne s'agit ni de révolte qui ne remédierait à rien, ni de partage des biens, ni d'égalité absolue, ni d'aucune de ces théories ingénieuses où l'on fait quelquefois avec tant d'éclat le roman de la société. Mes faits sont là, sous les yeux de chacun, positifs et palpables ; je dis au prêtre crossé et mitré : Vous n'êtes pas le successeur du fils du charpentier : vous êtes *Prince !* — Je dis au pauvre : Vous avez faim, vous avez froid, ceux qui ont du pain et des habits vous en doivent. — Je dis à l'ouvrier obéré, à la famille gênée : Loin de devoir au gouvernement, c'est lui qui vous doit. — Je dis au riche : Vous jouissez de tout, vous avez l'argent, c'est vous qui devez payer et beaucoup !

N'est-ce pas là vraiment la *Politique du bon sens ?*

Arrière cette politique perfide dont la filandreuse logomachie n'a servi trop longtemps qu'à endormir le pays ! Je ne reconnais pour homme politique que celui qui, s'inspirant du peuple, exprime nettement ses fermes vouloirs, et, abordant de face une question, me la montre sans fard et la juge sans phrase. — Un homme de charité, d'intelligence et d'action, voilà mon politique.

Les problèmes les plus compliqués peuvent toujours s'exposer en peu de mots, mais non pas toujours sans danger, car alors on comprend ! Or, il y a tel système dont toute l'adresse consiste à s'entourer de nuages et de demi-jours ; tel gouvernement qui redoute l'exercice du raisonnement sur sa conduite. Pour conjurer le péril, on récourt alors aux sophistes et aux rhéteurs, gens habiles dans l'art de déraisonner avec aplomb et de parler sans fin pour ne rien dire, ou plutôt pour éviter de dire. Comme alors la phrase seule dissimule l'absence de la pensée, on augmente le format pour y mieux loger la phrase et masquer l'inanité du fond sous la luxuriante abondance de la forme. Le feuilleton qui excite, amuse les passions, et vous jette dans le monde des rêveries, occupe de droit le premier rang dans ces entreprises destinées à donner le vertige, pour étourdir sur une réalité trop affligeante si on l'examinait.

Dans les beaux jours de la Grèce et de l'Italie on parlait peu, on faisait beaucoup. Vous verrez qu'à toutes les grandes époques de l'histoire d'un peuple, la parole a toujours été en raison inverse de l'action. Il s'imprime maintenant en France plus de journaux dans une seule année qu'il ne s'en est imprimé de 1789 à 1815. Des faits d'une petitesse inouïe se noient dans des feuilles d'une dimension sans exemple, et ceux qui connaissent la presse contemporaine, savent que l'on pourrait estimer pour ainsi dire le vide d'un journal à la mesure de son format.

Si du moins les questions vitales y obtenaient autant de place que les articles de mode ?

Est-il possible qu'à l'éternelle honte de notre temps, entre le récit d'un *steeple-chase* et la description d'un gala de ministre, on lise, sans la moindre réflexion, dans ces immenses papiers, qui ont la prétention d'éclairer l'opinion, et qui l'égarent, des faits tels que ceux-ci :

« Un malfaiteur, arrêté ce matin, en flagrant dé-
» lit de vol, a déclaré ne l'avoir commis que pour
» aller en prison. »

« — Hier, la police a fait transporter à la Morgue
» le cadavre d'une jeune fille trouvé au pied d'une
» borne, rue Vaugirard. L'autopsie faite, les méde-
» cins ont déclaré qu'elle était morte de faim. »

« — Un grand crime vient d'épouvanter la com-
» mune de ***. Le nommé N***, père d'une nom-
» breuse famille qu'il avait jusqu'ici élevée tendre-
» ment, a été pris tout d'un coup d'un accès de
» monomanie furieuse, et a égorgé sa femme et ses
» enfants. Quand les voisins accourus aux cris des
» victimes sont arrivés, ils l'ont trouvé lui-même
» baigné dans son sang et respirant encore : il a pu
» dire que, désespéré de ne pouvoir plus nourrir sa
» famille, il avait résolu de se débarrasser, lui et
» les siens, des maux de la vie ; qu'il était bien aise
» de les avoir tués avec lui, et que cependant il en
» demandait pardon à Dieu. »

Est-il possible, grand Dieu ! que dans un pays
comme la France, où tout abonde, où nous sommes
censés tous égaux, il y en ait de destinés à affoler, à
mourir de faim, sous la porte cochère peut-être de
quelque Turcaret qui étouffe d'indigestion !

Publicistes enrubanés, historiens à gages, trève
de lyrisme ! Assez chanté, parlez : que pensez-vous
d'un régime sous lequel on périt de besoin à la ville
comme aux champs ? Dieu avait-il, à votre avis, créé
cette jeune fille pour mourir de faim au milieu de
l'abondance, et cette famille pour être absolument
égorgée par son chef ? N'est-ce pas votre ordre social

qui a mis la hache aux mains de ce fou de misère? N'est-ce pas lui qui a assassiné cette jeune fille? Et vous demeurez impassibles !

Des Conservateurs—bornes et repus,—conservant à la façon du propriétaire qui s'amuserait à badigeonner au dehors sa maison que l'incendie dévorerait au dedans, — ne manqueront pas de me traiter d'utopiste et de répéter leur triomphant argument : *Il n'y a à vouloir des révolutions que ceux qui n'ont rien à y perdre !* — Il est étrange, en effet, honnêtes Conservateurs, que ceux qui se plaignent soient précisément ceux qui souffrent ! comme s'ils ne devaient pas avoir confiance dans ceux qui les font souffrir ! Comme si, de tout temps, les privilégiés n'ont pas prévenu les réclamations de leurs victimes ! — Il n'y a pas de doute que ceux qui ont tout à perdre dans les révolutions y sont beaucoup plus désintéressés que ceux qui ont tout à y gagner, et avant d'en désirer, ceux qui ont tout à y gagner doivent certainement avoir la permission de ceux qui ont tout à y perdre ! On ne répond point à des raisonnements de cette force.

Mais qui parle de révolutions? — Vous les croyez un malheur, et moi aussi. — Cependant, remarquez-le bien, Conservateurs, si vous vous obstinez à repousser les réformes les plus raisonnables, les plus urgentes — et j'entends des réformes sérieuses, radicales — si tout en honnissant la noblesse dont vous avez pris la place, mais non la courtoisie, vous continuez d'écraser vos égaux de votre insolence de parvenu, et de traiter les pauvres, qui vous ont enrichis, avec une âpreté d'usurier retiré, — et qu'un orage, ce qu'à Dieu ne plaise, éclate sur notre tête, à vous seuls, qui l'aurez produit, la responsabilité ; car, vous seuls aurez été l'artisan de votre ruine, l'affreux *révolutionnaire*.

En résumé, le titre de citoyen n'étant pas enlevé au peuple et tout citoyen ayant droit de pétition, voici celle qu'il faut adresser chaque année à la chambre des députés, jusqu'à ce que justice soit rendue. La demande intéresse les pauvres comme les riches, car qui peut, par ce temps de concurrence anarchique, répondre d'avoir toujours un morceau de pain ?

Qu'il se trouve donc un homme de bonne volonté, un seul par canton, et avant peu tout le monde en France aura une existence assurée : magnifique bienfait, dont quelques intelligences supérieures aux coteries qui nous divisent peuvent, par leur initiative dévouée et patiente, doter leur patrie (16).

Rappelons-nous que depuis nombre d'années le ministère de la guerre emporte à lui seul plus d'*un million* par jour ! — Eh bien ! demandons seulement une petite partie de cette somme pour le ministère du pays, le ministère de la France. — Qui sera de taille à répondre à la France : *Tu ne mangeras pas !*

PÉTITION

MESSIEURS LES DÉPUTÉS,

Vous avez assuré au peuple l'instruction nécessaire ; nous vous demandons, pour tous ceux qui en manquent, le pain, le vêtement et le logement, plus nécessaires encore que l'instruction.

Vous trouverez facilement, Messieurs, dans un budget d'un milliard et demi, quelques millions pour cette œuvre éminemment sociale, qui ne vous paraîtra pas sans opportunité, si vous considérez que votre loi de 1833 a heureusement développé dans le peuple le sentiment de ses droits en même temps que celui de ses devoirs ; dont l'exigence vous semblera modeste, si vous considérez que nous ne demandons qu'à obtenir, en liberté, ce que vous accordez aux prisonniers.

Les secours que nous attendons de votre justice nous seront distribués par les soins de l'administration municipale de nos communes.

Nous sommes avec respect,

Messieurs les Députés,

VOS TRÈS-HUMBLES SERVITEURS.

COMMUNES-MODÈLES.

Deux pauvres communes ont commencé comme elles ont pu, et sans rien demander au gouvernement, la réforme que je considère comme la plus urgente et sur laquelle j'appelle instamment l'attention de tous les bons citoyens.

LANNION (COTES-DU-NORD).

Sous l'administration admirable de M. Dépasse, la petite ville de Lannion donne, depuis trois ans, aux grandes villes un exemple qu'elles imiteront lorsqu'elles voudront bien oublier un moment le luxe pour s'occuper du nécessaire. Pendant qu'elles en sont encore aux doléances, aux projets pour l'extinction de la mendicité, la commune de Lannion, qui compte 1,100 pauvres sur 5,000 habitants, s'est mise à l'œuvre et vient de résoudre pratiquement le problème. Les enfants pauvres sont tous considérés comme appartenant à la ville, qui s'en charge, les place dans les salles d'asile où elle les nourrit, les instruit et même les habille. Tels sont les prodiges de l'esprit de charité et d'association, que les dépenses par jour ne s'élèvent qu'à 6 où 7 centimes par enfant. Les parents de ces enfants, déchargés du fardeau de leur surveillance et de leur entretien, travaillent librement à leur état ; ceux-ci, devenus grands, auront reçu une éducation religieuse, sauron lire et écrire, aimeront une patrie dont ils seront véritablement les fils, et pourront occuper dans la société une place utile pour elle, honorable pour eux.

Honneur à la ville de Lannion ! Voilà un progrès cent fois plus glorieux que tous ceux si vantés d'une fausse civilisation. Voilà une ville réellement religieuse et avancée.

Dans le même département de cette vieille Armorique, que nos économistes d'Académie regardent comme aussi barbare à peu près qu'au temps des Druides, M. Achille Duclesieux, intelligence élevée, cœur vraiment chrétien, vient de former, sur le principe de la communauté, de la solidarité, une association pour la culture d'une grande étendue de landes, aujourd'hui stériles, et que ses efforts généreux réussiront, il faut l'espérer, à rendre fertiles pour le bonheur de la jeune colonie et de la Bretagne.

BURNHAUPT (BAS-RHIN).

Cette commune compte douze cents âmes à peine, et, cependant, elle vient de consacrer aux indigents une somme de 3,000 fr., à la condition que cette somme serait donnée en prime au travail et non à la mendicité. Par les soins des habitants les plus éclairés de la commune, il a été dressé des états indiquant d'une manière rigoureuse les ressources des pauvres ménages, et c'est au fur et à mesure de l'épuisement de ces ressources, que des secours en nature leur sont distribués. — Quatre jeunes filles ont été envoyées à l'hospice de Thann pour y apprendre à faire des soupes économiques.

Les communes voisines, prévenues que Burnhaupt nourrissait ses pauvres, ont été instamment priées de repousser tout habitant de cette localité qui viendrait mendier. Bien persuadés que la meilleure aumône c'est le travail , les notables de Burnhaupt ont décidé qu'ils fourniraient aux indigents une occupation telle , qu'elle fût appliquable à l'enfance comme à la vieillesse. On a acheté des bobines de coton que l'on fait devider ; le kilog. est payé 1 fr. 60 c. On donne les métiers à ceux qui n'en ont pas , et on refuse toute aumôme, tout secours à ceux qui ne veulent pas travailler. Grâce à ces dispositions, la misère et la mendicité ont entièrement disparu de Burnhaupt.

Ce n'est donc pas absolument une utopie, une rêverie que ce projet si raisonnable, si naturel et pourtant si étrange aujourd'hui, grâce au profond oubli de la vraie religion, qui est la vraie politique, d'assurer à tout le monde la nourriture et l'instruction. Autant vaudrait appeler aussi l'Evangile une utopie, car il demande à l'homme des sacrifices bien plus difficiles et nous donnerait s'il était pratiqué une société bien autrement parfaite.

Pétitionnons donc pour obtenir du gouvernement une loi qui oblige toutes les communes d'imiter l'exemple de Lannion et de Burnhaupt ; pour qu'il aide toutes les communes à perfectionner et à étendre de plus en plus les véritables réformes que ces deux villes ont eu les premières l'honneur d'entreprendre, presque en même temps aux deux extrémités opposées de la France, ce qui prouve que le même besoin se fait sentir partout.

CONCLUSION.

Hommes du peuple !

Nous avons été trop longtemps dupes des partis en religion comme en politique. Nous pouvons leur appliquer le proverbe persan : *Votre meule tourne toujours avec bruit, mais elle ne fait point de farine.* Leurs intérêts ne sont point les nôtres, et ils nous ont bien montré que les nôtres ne sont pas non plus les leurs. Laissons-les donc désormais s'arranger entre eux comme ils voudront.

Prenons garde d'accuser de notre malaise ou de nos souffrances aucune classe en particulier : il n'y en a point où nous n'ayons des amis et des ennemis — nous en avons même parmi nous ; — reconnaissons les uns et éclairons les autres. — La crainte ou la haine du peuple est un préjugé que de déplorables égarements ont fait naître et que l'ignorance seule entretient, puisque le peuple c'est presque tout le monde. Combattons-le par notre moralité, notre désintéressement, notre fermeté, et il disparaîtra pour faire place à la confiance, à la bienveillance, mère de la justice.

Respectons tous les cultes consolants comme autant d'hommages divers et passagers rendus au Dieu unique et éternel, à qui seul il appartient de sonder les reins et les cœurs. Tenons pour le plus digne, le plus vertueux, le plus chrétien, l'homme le plus bienfaisant, quel qu'il soit. A lui seul nos suffrages.

Si le malheur des temps amenait telle circonstance où nous fussions encore obligés d'adopter un drapeau, ne nous rangeons sous aucun sans avoir posé nettement nos conditions, qui ne doivent plus être d'obtenir des droits abstraits qui ne changent rien à rien, mais des réalités, des faits, et avant tout LA NOURRITURE, LE VÊTEMENT ET LE LOGEMENT POUR TOUS CEUX QUI EN MANQUENT.

Comme nous devons obéir même aux mauvaises lois tant qu'elles ne sont pas rapportées, et nous soumettre aux formes sociales même les plus vicieuses, tant qu'elles ne peuvent, sans trouble, être remplacées par de plus sages, nous devons aussi employer pour le redressement des abus les moyens permis, d'autant plus résolument que nous repoussons l'émeute et l'anarchie, encore plus redoutables peut-être que la liberté n'est désirable.

Il nous faut une réforme sociale, et non une de ces sanglantes et inutiles révolutions politiques qui, après bien des calamités, se réduisent en définitive à un changement de cocarde.

Nos droits, fondés sur l'Evangile et sur la Charte, n'ont pas besoin d'autres armes que celles de la raison. Mais nous devons nous en servir et ne pas dire, comme le musulman qui vit esclave. *C'était écrit!* Souvenons-nous qu'avant 1830 ceux qui nous gouver-

nent avaient pour devise : *Aide-toi, le ciel t'aidera.*
Le moyen des pétitions nous est laissé, employons-le
hautement, opiniâtrement ; tout notre patriotisme
doit se révéler là.

Sans doute la majorité des députés actuels se mo-
que autant du peuple que de ses pétitions, et c'est
pour cela que d'excellents esprits réclament avant
tout la réforme électorale. Nous devons la désirer
comme eux ; mais cette réforme a, dans la presse et
dans le pays, des partisans décidés et assurés de
réussir avant peu, tandis que je n'ai pas vu demander celle que je soumets ici à votre *bon sens*. Il est
généralement admis que tout Français contribuable,
ou garde national, doit être électeur, mais on ne
semble pas accorder aussi facilement que, puisqu'il
concourt à la prospérité et à la défense de la patrie,
tout Français doit avoir une part, au moins suffi-
sante pour vivre, dans les richesses de la patrie.
C'est cette vérité essentielle qu'il faut répandre et
faire triompher.

Jugez donc que d'émeutes, de misères, de crimes
prévenus, si le premier article de la Charte avait déclaré : *La Nation doit à tous ses enfants le pain
et le logement.* N'est-ce pas là le premier et le plus
important de nos droits politiques? Que valent les
autres sans celui-là ?

Si nous nous contentons de mots sonores et de va-
gues promesses, nous servirons perpétuellement de
jouet aux ambitieux de haut et de bas étage, qui,
avec ces mots et ces promesses, nous piperont toujours en se moquant de nous.

Il faut donc que des pétitions, ou, si l'on veut,

des protestations, simples, courtes, mais positives, dans la forme de celle qui précède, assiégent et pressent le pouvoir jusqu'à le forcer de comprendre que, renonçant désormais à crier : *Vive le roi !* ou *Vive la ligue !* le peuple n'entend plus crier que VIVE TOUT LE MONDE ! en se comptant, bien entendu, au premier rang parmi tout le monde.

Voilà, croyez-moi, la seule règle de conduite capable de nous sauver, nous, de nouvelles trahisons, et la patrie de nouveaux bouleversements.

NOTES.

(1) Croira-t-on qu'un gouvernement qui se dit national donne à l'encouragement de l'agriculture et du commerce pour toute la France neuf cent mille francs, tandis qu'à quelques comédiens de théâtres dits *royaux*, il donne *douze cent mille francs !* Comprend-on que le pauvre paysan de la Bretagne et des Landes soit obligé de prélever sur ses sueurs de quoi entretenir l'opulence de ces comédiens royaux dont plusieurs ont des traitements de cinquante et même de cent mille francs par an ?

Ah ! si les représentants de la France la représentaient ! s'ils discutaient, comme cela se pourrait si facilement, le budget sans sortir de chez eux, que tous ces scandales auraient bientôt disparu !

(2) C'est de là que les papes se disent encore les *serviteurs des serviteurs de Jésus-Christ*, tout en adressant des proclamations à leurs *fidèles sujets*, ni plus ni moins que le premier potentat venu. Ils parlent encore dans leurs actes de l'*anneau du pêcheur*, et cet anneau a servi de sceau aux bulles par lesquelles ils ont détrôné les rois, soulevé les peuples et partagé la terre ! Leur humilité apostolique s'est coîffée d'une triple couronne et fait honorer jusqu'à l'*adoration*... le mot est consacré, on les ADORE ! ! ! Ne sont-ils pas des VICE-DIEU ?... C'est le plus colossal orgueil auquel se soit jamais abandonné l'homme ; et ils se disent nos serviteurs !

Voici un fait qui ne remonte pas au moyen-âge, et qui montre comment ces singuliers conservateurs du christianisme l'ont aussi eux conservé : « Pendant son séjour à » Vienne, en 1782, Pie VI fit porter sa pantoufle à domi- » cile chez tous les grands seigneurs. — Pour le peuple,

» il fallut qu'il se rendît au palais épiscopal, où la bien-
» heureuse pantoufle était exposée. »

Vous ne le croirez pas, et pourtant c'est vrai, c'est his-
torique.

Je sais bien qu'on explique cela. Après avoir expliqué
l'Evangile comme on l'a fait, que n'expliquera-t-on pas?
— Ce n'est pas à la chose, dit-on, à la personne, au *contenu du pourpoint* que l'on rend ces honneurs, c'est au
caractère. — Au *caractère* de la pantoufle aussi donc?...
Mais c'est du fétichisme de la plus grossière variété!

La *personne* est toujours prête, sans doute, à s'avouer
pécheresse, indigne, mais à la condition que vous en véné-
riez d'autant plus son *caractère*; que vous approuviez
qu'elle ait un palais, des cuisines somptueuses, des habits
précieux, de riches équipages; — non pas pour elle! la
misérable *personne*, qui n'est que cendre et poussière, qui
se frappe la poitrine et embrasse la terre tant qu'on veut,
même beaucoup plus qu'on ne veut; — mais pour loger,
nourrir, vêtir et voiturer son *caractère*...

De sorte que plus la *personne* renonce au monde, plus
elle en jouit au moyen de son *caractère* ..

Notons pourtant que Pie IX paraît décidé à laisser désormais au Grand Lama le privilége d'être adoré tout vif,
et à ne se servir de pantoufles que pour marcher.

(3) L'Evangile le déclare formellement; il n'y a pas à
équivoquer, ni à gloser là-dessus, ce qui est écrit est
écrit : *Les hommes qui chargent leurs frères de fardeaux
qu'ils ne voudraient pas toucher; qui portent des robes
traînantes et à frange; qui ont des anneaux d'or; qui veulent les premières places dans les synagogues, qui se font
appeler* MAITRES ! *qui dévorent les maisons des veuves, sous
prétexte de longues prières, eh bien!* ces hommes sont
MAUDITS ! SONT DAMNÉS ! — En existe-t-il encore de cette
espèce?...... Voyez et jugez!

(4) Comment concilier le chapelet, les litanies, etc.,
avec ces paroles de l'Evangile : *Quand vous priez, n'usez
point de vaines redites, comme les païens, car ils croient
qu'ils seront exaucés en parlant beaucoup.* — St-Mathieu,
ch. VI, v. 7.

Comment concilier l'abstinence des viandes à certains

jours avec ces paroles de l'Evangile : *Ce n'est point ce qui entre dans la bouche qui souille l'homme, mais ce qui en sort.* — Id., ch. XV.

Comment concilier l'entourage des prêtres avec ces paroles : *Je ne suis envoyé qu'aux brebis perdues de la maison d'Israël.* — Id., ch. XV.

Comment concilier le luxe, les armoiries et les blasons des évêques, aussi bien protestants que catholiques, avec ces paroles : *Le disciple n'est pas plus que le maître, ni le serviteur plus que son chef.* — Id., ch. X.

Comment concilier la vaniteuse malpropreté et le costume bizarre des jésuites et des autres moines, avec ces paroles : *Prenez garde de faire votre aumône devant les hommes afin d'en être vu... Quand vous priez, enfermez-vous dans votre chambre en secret... Quand vous jeûnez, ne prenez pas un air triste, comme les hypocrites, qui se rendent le visage tout défait, afin que les hommes voient qu'ils jeûnent... mais vous soignez vos cheveux et lavez votre visage, afin qu'il ne paraisse pas aux hommes que vous jeûnez, mais seulement à votre père, qui vous voit dans le secret.* — Id., ch. VI.

Comment concilier les mortifications et les pénitences avec ces paroles : *Apprenez de moi que je suis doux et humble de cœur, et vous trouverez le repos de vos âmes ; car mon joug est aisé et mon fardeau est léger.* — Id., ch. XI.

On a bien raison de dire que la lecture de l'Evangile est dangereuse pour la foi des simples fidèles.

(5) L'égalité a disparu de l'Eglise comme d'ailleurs,

Le pain bénit, seul vestige du temps de fraternité, est devenu lui-même une occasion de distinction. A quelques-uns le bedeau, en costume de valet féodal, le présente sur une assiette ; un homme de peine et malpropre l'offre au public dans un panier.

Il y a des cloches, des carillons, des cierges et des chants, enfin des cérémonies complètes pour les riches, il n'y en a point pour les pauvres ; on semble même leur interdire l'église, car ils n'ont pas où s'y asseoir... que sur le pavé ! sous les pieds des riches qui y étalent des chaises armoriées, des carreaux de velours.

On ne baptise, ni ne marie, ni n'enterre un pauvre comme un riche, et il arrive de là quelque chose de bizarre : le riche étant, selon l'Evangile, présumé damné, et le pauvre, sauvé, c'est le *maudit* que l'on honore, et le *béni* que l'on méprise... Que voulez-vous ! une fois dans l'absurde, on ne saurait aller trop loin pour être conséquent.

Dans sa fureur de tout étiqueter et parquer, il n'y a pas jusqu'à ses propres membres que l'église n'ait scindés en *haut* et en *bas*. Un prêtre *bas* est celui qui vit à la campagne modestement ; un prêtre *haut* est celui qui vit à la ville, pourvu d'une bonne cure ou d'un canonicat qui ne l'oblige pas même à chanter les jours de fête.

Le *bas* vieillit parmi les laboureurs, leur parle beau temps et pluie, morale et récolte ; il apprend même parfois à lire à leurs enfants, sans la permission de l'Université, ce qui est effroyable, à ce que j'ai ouï dire.

Le *haut* fraye avec la noblesse, hante les familles riches, flaire les donations, dîne au coin du feu chez la douairière, en tête-à-tête avec elle et son caniche qui a mal aux yeux, le pauvre *chéri*, et la poitrine faible....; dîne chez les bourgeoises ferventes ; dîne même chez les ouvriers assez à l'aise pour le traiter....; il dîne partout, c'est son ministère.

Le plus haut de tous par diocèse, c'est l'évêque ; on le reconnaît à son large anneau monté en brillants, à ses bas rouges, à sa soutane violette, dont la queue, taillée sur la queue des robes des dames de la cour au XVIᵉ siècle (origine apostolique aussi), a besoin, quand elle s'étend, d'être portée par un valet, en guise de femme de chambre.

Il est si *haut*, le prêtre violet, qu'on l'appelle GRANDEUR, et le *bas* est pour lui d'une telle bassesse, tellement *chose*, qu'il peut à son gré le briser comme verre, ou lui passer le camail :

> « Sera-t-il Dieu, table ou cuvette?... »

Il sera ce que SA GRANDEUR le fera... L'autocrate de toutes les Russies n'a pas un empire plus absolu sur ses fidèles Cosaques, que les quatre-vingts autocrates à houlette d'or sur le bas clergé de France ; et il faut remarquer que c'est à dater de l'époque où l'on a théoriquement accordé la liberté aux autres citoyens, que le *bas* clergé a été dépouillé de ses anciennes garanties contre le bon plaisir de ses maîtres, livré pieds et poings liés au prodigieux despotisme d'un seigneur évêque, pour qui le caprice peut-être d'une jolie dévote a remplacé les officialités et les canons.

Pauvre *bas* clergé, tu es du peuple utile et pauvre comme le peuple, il fallait bien te traiter comme lui ! Cependant le Suisse de ton évêque, quand tu viens, à pied et crotté de la campagne, consulter sa Grandeur ou lui rendre tes hommages, ne te fait faire antichambre que le temps nécessaire à Monseigneur pour achever sa partie de wist avec ses grands vicaires, ou sa conversation intime avec une dame comme il faut, qui a des cas de conscience...; à la fin, tu pénètres dans le sanctuaire et vois le Dieu face à face...

Le pauvre n'a plus ce bonheur ni cet honneur ! Quand un pauvre se présente, le portier de Monseigneur le rejette dans la rue ; il n'est pas digne d'entrer même dans la porterie du palais. Mais, par exemple, quand Monseigneur est en chaire, mître en tête, il faut l'entendre parler des pauvres ! il les appelle *ses frères*, ses *chers frères* ! les *meilleurs amis de Jésus-Christ* ! des *prédestinés* !... Il voudrait être à leur place !...

Paroles hypocrites ! Il voit, quand il sort, agenouillés devant lui, dans la boue, *les meilleurs amis de Jésus-Christ*, et ne daigne pas même ôter devant eux son tricorne à glands d'or !

J'insiste sur l'orgueil et l'égoïsme de certains chefs de l'église, parce que leur exemple est désastreux et oppose au règne de la justice le plus puissant obstacle. *Si le sel perd sa force, avec quoi salera-t-on ?* — St Luc, XIV.

Quoiqu'on n'ait jamais, sans impiété, raison contre des vices mis sous la protection de Dieu par ceux qui prétendent être les seuls organes de sa volonté, il ne faut cependant pas cesser de combattre les vices, et ceux-là surtout qu'on présente comme sacrés : *Corruptio optimi pessima.*

(6) N'est-il pas étonnant qu'avec les 50 mille chaires qu'il possède, sa considération et son influence, le catholicisme ne puisse pas empêcher la France de lui échapper! Qu'on laisse donc à n'importe quelle école le demi quart

de ces moyens, et l'on verra ! — C'est que le catholicisme n'est plus qu'un *airain sonnant, une cymbale retentissante* (Saint-Paul, 1re cor.); c'est qu'il a perdu l'esprit de charité, de fraternité, et, avec lui, le don des langues; c'est qu'il s'est pétrifié dans la lettre du dogme ; c'est qu'il s'est scellé lui-même dans le tombeau de son immobilité, sur une terre où Dieu a voulu que le changement fût la loi générale.

Si le dogme n'était point là ! si l'infaillibilité n'était point là ! si l'homme n'avait pas usurpé le rôle de Dieu ! si l'on pouvait purger le calendrier de quelques saints et l'histoire de quelques papes ! Il y a encore assez de vie dans le clergé pour régénérer la société, mais il porte le châtiment de l'orgueil de ses pères dans le sacerdoce, et il en est écrasé. Le Tout-Puisant semble avoir dit : Vous avez voulu pénétrer mes secrets, vous égaler à moi; vous avez couvert de mon nom éternel vos rêves d'un jour, c'est pourquoi je vous donnerai en dérision au monde, comme j'y ai donné tous ceux qui avant vous ont outragé mon incompréhensible majesté.

Quant aux missionnaires, outre qu'une doctrine qui fuit la lumière pour courir aux ténèbres soulève contre elle de fortes présomptions, quel bien font-ils aux sauvages ? Les sauvages se mangent parfois entr'eux, et ils ont tort ; mais nos missionnaires, il n'y a pas cent ans, se rouaient, se brûlaient aussi entre eux, et se roueraient, se brûleraient encore en grande cérémonie, si *une philosophie aussi ennemie de Dieu que des hommes* ne les en empêchait ! .. Où est le sauvage comparable à Saint-Dominique et à Simon de Montfort ! Ces monstres-là leur sont inconnus

Le sauvage jouit de ce qui l'entoure, habite où il lui plaît, travaille quand il veut et meurt sans s'inquiéter pourquoi ni comment. L'Européen, façonné par les missionnaires, use dans les privations sa vie au service d'autrui, se consume en désirs inutiles, garotté par les lois, les mœurs, les usages, et meurt assiégé de terreur sur les mystères de la tombe dont pendant toute sa vie les missionnaires lui ont fait un épouvantail.

Lequel vaut mieux ! — Ah ! par charité, Messieurs, ne convertissez plus les sauvages, si vous n'avez à leur offrir

que ce que vous nous avez donné ! Et si vous avez
mieux, de grâce ! convertissez-nous avant les sauvages !

(7) Depuis qu'elle est devenue puissance politique,
l'Eglise a toujours épousé les intérêts du plus fort. Nous
sortons de sous un Grégoire, eh bien ! ne prenons que le
premier et le dernier de la famille. Le premier, qu'on appelle *saint* et *grand*, écrivait vers 602 à Phocas, qui ve-
nait à force de crimes d'usurper le pouvoir : *Benignitatem
pietatis vestræ ad summum imperium pervenire gaude-
mus*... Or, la douceur de cette piété a valu à Phocas le
nom de *monstre*. C'est le Néron de Constantinople.

Le dernier a blâmé les Polonais de défendre la religion
et la liberté ; il leur a ordonné d'apostasier, de se soumettre à l'autorité légitime du dieu tartare, du tigre couronné, du bourreau de la Pologne.

C'est que Phocas et Nicolas avaient pour ces papes la *lé-
gitimité* de la force, la *piété* du sabre !

Cette pauvre dernière Sainteté a été, seize ans durant,
le mannequin dont l'absolutisme s'est servi pour imposer,
au nom du ciel, le joug aux peuples. — Citez-moi, parmi
tous ceux que le hasard des révolutions ou de la guerre a
faits chefs de nation depuis 50 ans, un seul roi, empe-
reur ou président, de race ou de fortune, à qui la politique de Rome n'ait pas fait ses baise-mains tant qu'il a
eu le pouvoir, à qui elle n'ait pas tourné le dos dès qu'il
l'a perdu ! Et dites-moi si cette courtisanne de la prospérité
mérite le respect d'un honnête homme ! Si le peuple peut
jamais faire de fond sur une puissance toujours prête
à bénir le succès et à abandonner le malheur, sous prétexte — ironie infâme — qu'elle ne se mêle pas des choses
de ce monde.

Il ne faut pas parler de Pie VII, qui se trouva dans une
position tout exceptionnelle, et dont la dignité, du
reste, n'avait point eu d'exemple, comme elle n'a point
eu d'imitateurs.

(8) Les Communistes ont pour chef en France M. Cabet,
ancien député et procureur-général depuis 1830, et pour
organes spéciaux, dans la presse, le journal le *Populaire*
et l'*Almanach Icarien*.

Les Socialistes, Phalanstériens ou Fouriéristes, ont pour

chef M. Considérant, membre du conseil général de la Seine, et pour organes le journal la *Démocratie Pacifique* et l'*Almanach Phalanstérien*.

Ceux qui veulent juger du mouvement extraordinaire des esprits à notre époque, doivent étudier surtout les doctrines de ces deux écoles. Elles sont propres à détruire bien des préjugés.

(9) J'ai vu, en cour d'assises, un malheureux qui avait déjà fait cinq ans de travaux forcés pour vol, et qu'on y renvoya pour dix ans à cause de la récidive. *Pourvu qu'ils m'en donnent pour une vingtaine d'années !* disait-il avant le prononcé de l'arrêt ; *on est mieux aux galères qu'à labourer la terre*...

Demandez aux directeurs de maisons centrales les ruses employées quelquefois par les détenus pour y prolonger leur séjour.

Joseph Henry, dont on a voulu faire un régicide, qui l'a porté à son acte de démence, sinon le désir de s'assurer un morceau de pain et un abri ?

Puisque sans argent on n'en trouve que dans les prisons, il faut bien, si l'on n'a pas d'argent, mériter la prison pour en avoir.—Est-ce une assez cruelle condamnation de notre ordre social ?

(10) Il y aurait une recherche infiniment instructive à faire par ceux qui possèdent les documents : ce serait de calculer combien en haras, en courses, en primes, etc., on dépense, bon an mal an, pour améliorer le bétail, et de le comparer à ce qu'on dépense pour les enfants du peuple ; je suis bien trompé si ceux-ci obtiennent la moitié de ce qu'on donne au bétail.

Est-ce hasard, insolence, ou conséquence déduite de notre régime actuel que ces noms de *Julie, Anna, Marie,* etc., donnés par nos *hippomanes* à leurs juments !

Il y a là pour moi un grave symptôme. Le peuple chez qui le même mot peut désigner un homme ou un cheval, une jument ou une femme, est un peuple qui a perdu le sens moral. On ne voit heureusement cet impudent mépris de l'espèce humaine que parmi quelques fainéants trop peu nombreux pour compter beaucoup. Comme il est chez

eux de bon ton de paraître *anglais*, ils singent de leur
mieux le genre anglais, le brutal orgueil anglais, qui per-
met à sir Robert Peel, par exemple, d'appeler en plein
parlement les femmes riches d'Irlande des *dames* et les
autres des *femelles* (LANDIES AND FEMALES).

LA PAUVRETÉ ET LES JESUITES.

Si quelqu'un osait dire : Le clergé catholique veut la
souffrance du peuple, il la croit une chose sainte et bonne
à l'âme autant qu'à l'intelligence, et la plus grande
preuve d'amour qu'on puisse donner aux pauvres est de
les tenir dans leur misère : celui-là passerait probablement pour fou. Or, écoutez l'organe officiel du parti catholique en France au sujet de la condamnation *à mort*
des principaux accusés dans la révolte causée à Buzançais par la disette :

« Acceptant la loi que Dieu a donnée aux fils d'Adam
» (*acceptant*... comme c'est résigné, surtout si l'auteur
» est évêque ou seulement curé de Paris !) nous ne de-
» mandons pas plus l'abolition de la pauvreté que celle de
» la hiérarchie ou de la propriété ; nous ne croyons nul-
» lement que la pauvreté puisse être abolie ; nous croyons
» qu'en l'abolissant on enlèverait à l'âme et à l'intelli-
» gence humaine leur plus grand et leur plus utile res-
» sort. La pauvreté est bonne, elle est sainte : c'est Dieu
» qui l'a faite. Ceux qui la veulent abolir ne connaissent
» ni Dieu, ni leur âme, et s'ils nous disent qu'ils aiment
» les pauvres, nous leur dirons qu'ils ne connaissent pas
» leur propre cœur. On n'aime point les pauvres, lors-
» qu'on hait la pauvreté. »   (*Univers Religieux.*)

Il faut que les pauvres méditent cette audacieuse déclaration et connaissent le sacrilége abus que l'on fait
contre eux du nom de Dieu. Leurs mystiques amis ont
replacé au ciel le fatalisme antique et ils se disent chrétiens ! seuls chrétiens !

Les journaux parlent d'un père de famille tombé ces

jours-ci d'inanition dans une rue du Havre et pris de vomissements qui lui ont fait rejeter *le foin et la paille* dont le malheureux se nourrissàit depuis deux jours.... Ce fait a dû réjouir les *amis des pauvres*, car il est nâvrant pour les impies, mais consolant pour ceux qui travaillent a perpétuer la misère. Si l'Évangîle leur impose ce commandement, ce sera, il faut l'avouer, le seul qu'ils auront accompli dans toute sa rigueur.

Voici sur le même sujet les réflexions d'un journal religieux aussi, mais d'une autre manière que l'*Univers.*
« Si l'on en croit les feuilles ultrà-dynastiques. les désordres qui ont éclaté sur divers points de la France, et notamment à Buzançais, sont le produit des doctrines nouvelles communistes, socialistes, etc. Or, il se trouve que ces doctrines sont complètement inconnues à Buzançais et sur tous les points à peu près où les désordres ont eu quelque gravité.

» Si l'on s'en rapporte aux feuilles religieuses et légitimistes, ces désordres ont eu pour cause, au contraire, l'absence d'instruction chrétienne. Or, il se trouve que les départements où les troubles ont éclaté le plus violemment, sont ceux où les anciennes croyances se sont le moins altérées : la Bretagne et le Berry. Un correspondant de Buzançais a adressé à l'*Univers* une lettre dans laquelle il invoquait les témoignages les moins suspects pour prouver que nulle commune en France ne reçoit une instruction dévote plus complète que la sienne, que nulle part les offices ne sont mieux suivis, le respect n'est plus grand pour les ministres du culte.

» Les départements où le clergé exerce le plus d'influence sont ceux où les émeutes sont les plus nombreuses et les plus violentes; la majorité des enfants détenus à la Roquette est composée d'élèves sortant des écoles de Frères. L'enseignement donné par l'Eglise est donc impuissant contre les révoltes et la démoralisation précoce.

» Placé en présence de ces faits, qui renversent toutes les théories de son journal, le correspondant de l'*Univers* ne sait que s'incliner devant la Providence : il rappelle une foule de faits, qui, suivant lui, sont demeurés inexplicables et s'écrie humblement : *Tout cela est un mystère!*

» Un mystère ! quand il s'agit de tout un monde de

malheureux qui se débattent entre la révolte et la mort; quand l'humanité souffrante se tord sur son lit de douleurs et appelle à grands cris la guérison, une telle humilité n'est plus de mise. Il n'est pas permis à un homme ayant au cœur quelque amour de ses semblables, il est criminel à qui a charge d'âmes, aux ministres de la religion et du gouvernement, de dire en présence de ces désordres : » *Il y a là un mystère !* » puis de courir sans plus à ses affaires ou à ses plaisirs.

» Partout où il y a désordre, subversion, douleur, partout où une loi de la Providence est violée, l'intelligence doit chercher, doit découvrir la cause du mal et apporter le remède. Ne dites pas que cette tâche est trop sublime pour l'homme, ce serait accuser Dieu d'impuissance ou de méchanceté. » Dieu a mesuré le vent à la laine des brebis, a dit le Christ ; il a mesuré tous les problêmes sociaux à l'intelligence humaine. Reculer devant la cause des agitations de la société, dire : » *Il y a là un mystère impénétrable,* » c'est abdiquer, c'est se reconnaître indigne de la fonction du sacerdoce ou du gouvernement. »

(Démocratie Pacifique.)

⸺◦⟡◦⸺

(11) M. Dupin, le chiffreur, combattant la chimère du partage des biens devant des ouvriers qui ne paraissaient pas en avoir autant peur que lui, a établi que la somme annuelle de tous les revenus de la France, divisée par le nombre des habitants, ne donnerait à chacun que 80 c. par jour et causerait ainsi la ruine de tout le monde.

M. le baron assure, dans le petit livre publié à cette occasion, que les ouvriers furent frappés de l'évidence du raisonnement, et il partit de là pour les engager à défendre ce bel ordre de choses qui fait d'eux tous autant d'aristocrates, puisqu'ils gagnent de 2 fr. jusqu'à 10 fr. par jour. C'était, comme d'usage, de l'ordre par l'égoïsme, du patriotisme par l'avarice, du *chacun pour soi* tout pur.

Cependant, quand on n'est ni baron, ni membre de l'Institut, on tire de ces chiffres, admis comme vrais, des conclusions tout opposées, et plus le quotient égalitaire est minime, plus les riches deviennent léonins.

En effet, puisque le partage ne donnerait à chacun que 80 c., il est clair que le surplus dépensé par quelqu'un doit l'être au préjudice de quelqu'un, et que celui qui a 400 fr. de revenu par jour absorbe, à lui seul, les 80 c. de cinq cents personnes qu'il réduit à rien — et comme il y a un certain nombre de riches dans ce cas, il faut nécessairement un nombre cinq cents fois plus grand de pauvres pour entretenir chacun d'eux — et la misère générale se trouve ainsi et nécessairement en raison directe de l'opulence de quelques-uns; si bien que s'il y avait en France seulement soixante-dix mille rentiers de cette force, les trente-quatre millions neuf cent trente mille autres habitants demeureraient sans pain.

Voilà comment la fortune de quelques-uns fait le bonheur de tout le monde.

Remarquez que je ne parle que de rentiers de moins de 150,000 fr., et que nous avons des millionnaires!

Pour peu qu'ils aient souvent affaires aux habits brodés de l'Institut, les Communistes réussiront,....

(12) C'est pourtant en vertu de cette belle maxime que le gouvernement défend aux officiers d'épouser des femmes qui n'ont pas au moins 1200 fr. de rentes, On ne peut accorder aucune considération à une jeune personne dépourvue de 1200 fr. de rentes; eût-elle l'éducation la plus distinguée et toutes les qualités de son sexe, si les 1200 fr. n'y sont pas, elle est dégradante, et un homme d'honneur ne lui donnera jamais son nom. Mais parlez-moi d'une fille de cabaretier, façonnée aux habitudes de la maison paternelle, et ornée de 1200 fr. de rentes! voilà une demoiselle propre à relever l'éclat de l'épaulette! Car il faut le bien comprendre: femme n'est rien, dot est tout.

Pourquoi n'avoir pas imposé les mêmes conditions aux magistrats, aux professeurs, qui ont encore plus besoin de considération que les militaires? Pourquoi ne les avoir pas étendues à tous les fonctionnaires publics? Les dots, tarifées en conséquence des grades, nous auraient appris à un sou près de combien un professeur de collége royal est au-dessus d'un professeur de collége communal, un chef de bureau d'un employé, un conseiller de cour royale d'un capitaine de dragons, etc. Le nombre déjà immense des jeunes personnes condamnées au célibat faute de dot, le seráit devenu davantage encore, et notre droit public se serait enrichi de ce nouvel article : *Toutes les Françaises sont égales devant la dot ;* pour faire pendant à celui-ci , qui est dépareillé : *Tous les Français sont égaux devant les contributions.*

Adorateurs ventrus de Plutus! qui prendra donc une verge d'acier pour vous flageller comme vous le méritez, et vous renvoyer toutes les infamies dont vous nous abreuvez!

(13) La condamnation des doctrines de l'*Avenir* était inévitable avec un état-major ecclésiastique ignorant , paresseux et avare d'un côté, et de l'autre, un gouvernement cauteleux qui, tout en paraissant le tenir en suspicion, le flattait secrètement dans le but de s'en faire plus tard un auxiliaire. Egoïsme et perfidie, voilà le Saint-Esprit qui a dicté au vieux Grégoire son encyclique de 1832. Regardez ce que la religion y a gagné : ses ministres touchent toujours leurs traitements, les cloches sonnent toujours, les processions circulent, les congrégations pullulent, s'enrichissent, le monde est à eux : le cadavre parle et remue, on le dirait en vie ; cependant il est mort. Son âme l'a abandonné.

Qu'est devenu cet enthousiasme de liberté chrétienne qui fit naguère du jeune et pauvre clergé des campagnes comme un nouveau corps d'apôtres ? Quel souffle pourra désormais le ranimer ?

Le pape l'a dit : La liberté est mauvaise!......

Les voilà rentrés dans l'ornière, embrigadés comme des gendarmes, officiers de morale, aux appointements de 400 fr. par an, que M. le préfet leur paie en même temps qu'aux douaniers et aux employés des grands chemins.

A quoi tiennent les évènements! au lieu de ce malheureux vieillard dont on a abusé pour achever le catholicisme, supposez son successeur..... mais le mal est fait, irréparable !

(14) Je ne puis, d'après ce principe, admirer l'institution si vantée des caisses d'épargnes.

Au point de vue moral, elles inoculent aux masses, sous le nom d'économie et de prévoyance, l'esprit de lésinerie et d'avarice ; au point de vue de l'économie politique, elles ont, en rendant l'argent plus rare, les emprunts plus difficiles, tué une foule de petites industries, augmenté par conséquent le nombre des malheureux, sans fermer un seul cabaret, ni un seul café. Leur plus clair résultat a été de répandre l'égoïsme sous le prétexte de prudence.

J'ai vu une mère admirer le précoce esprit d'ordre de son fils, qui, à l'âge où les autres enfants emploient leurs menus plaisirs à acheter des bonbons, mettait, lui, les siens à la caisse d'épargne. J'ai maudit une invention qui enseignait dès l'enfance la pratique de la sauvage maxime du *chacun pour soi*, qui nous mènerait tout droit à la barbarie si elle se popularisait.

La caisse d'épargnes est le produit caractéristique d'une époque sans âme, tout argent, tout matière. C'est le dernier mot de la philantropie sèche et mécanique, intrônisée par Francklin, Bentham et Say, automates savants.

— C'est la providence des pauvres. — Oui, si le pauvre a de l'argent de trop.

— La domestique y dépose ses économies. — Oui, mais comme elle veut être payée à jour fixe, le bourgeois, qui met aussi à la caisse d'épargne, renvoie la domestique.

— L'ouvrière y place ce qu'elle dépensait en toilette. — Oui, mais la boutique qui ne vend plus, fait faillite, et l'ouvrière n'a plus d'ouvrage.

La caisse d'épargne a cependant une utilité politique incontestable : elle intéresse les masses au maintien du gouvernement, et c'est ce qui lui a valu tant d'éloges. Autrement elle revient tout au plus à dire au pauvre ceci : Tu n'as pas assez de 20 sous par jour ? — n'en dépense que 18, et tu te feras au bout de l'année de belles économies !

(15) On pourrait citer telle cour royale qui, pendant dix ou quinze ans, a été sans premier Président et sans Procureur-général, la capitale les possédant tous deux en qualité de députés. — L'administration de la justice n'en a pas souffert un instant, — mais le pays n'en a pas moins payé à ces utiles fonctionnaires, pour leurs bons et loyaux services comme Président et Procureur, la bagatelle d'environ un *demi-million*..... sans compter ce

qu'ils ont pu obtenir par ailleurs comme bons et loyaux députés... Si l'on vous consultait, approuveriez-vous cela, lecteur ?

(16) L'application de cette réforme capitale ne peut offrir de difficultés sérieuses. Les personnes *ayant droit* aux secours publics seraient inscrites à la Mairie, qui établirait chaque année son budget en prévision de ce premier service. — La commune doit être le noyau de l'association, le berceau de la régénération sociale.

On commencerait par les plus misérables, et, progressivement, au fur et à mesure de l'allocation croissante des fonds, on arriverait jusqu'aux familles gênées. Mais les communes devraient être absolument maîtresses de leur action, sans relever de personne, et surtout arranger les choses de manière à éviter de faire sortir de là une nouvelle bureaucratie, qui absorberait une partie des fonds des pauvres, comme on le voit dans d'autres établissements analogues.

Le clergé, se voyant prévenu par l'administration civile, et craignant pour son influence, se piquerait d'émulation ; une heureuse lutte s'établirait entre le presbytère et la mairie, au profit, cette fois, des pauvres, pour qui les bienfaits de l'un et de l'autre seraient également acceptables, car ces secours n'emporteraient aucune idée d'aumône ni de mendicité. Ce serait le *paiement d'une dette*, pas autre chose, par conséquent un *droit* de la part des pauvres.

Les conseils municipaux peuvent au reste dès à présent s'adresser à MM. les Maires de Lannion ou de Burnhaupt pour s'éclairer sur les moyens pratiques qu'ils ont employés.

Note Finale.

Les pompes du culte, les arts et l'industrie sont nécessaires au développement complet de l'homme. Mais je veux que ces pompes portent un enseignement dont l'esprit et le cœur se nourrissent ; que les arts ne viennent qu'après le nécessaire, et que l'industrie soit organisée selon la justice et la raison.

Faire table rase est un procédé de sauvage. L'illusion du temps et le charme des souvenirs ont une puissance que rien ne remplace; mais amender, corriger ce qui est amendable et corrigible, approprier chaque chose au temps et aux mœurs est le devoir du législateur, qui ne doit reconnaître pour immuable, sacré, que ce qui est utile au plus grand nombre.

L'auteur de ce livre a été appelé *impie*, pour avoir dit ailleurs qu'une mître enrichie de pierreries n'est pas une couronne d'épines; — que les bonnes œuvres valent mieux que la foi; — que les moines qui s'emparent de la terre en affichant le mépris de la terre, sont des hypocrites; — que les intérêts de l'homme ont divisé l'Église primitive en mille sectes hostiles; — qu'il y a de la différence entre l'étable de Béthléem et le Vatican; — que le trône pontifical n'est pas un calvaire. ..

Jésus-Christ est venu racheter l'homme de *l'esclavage du péché*. Qu'est-ce que cet esclavage, sinon la punition du péché, ou, d'après l'explication même de l'Eglise, la douleur, la misère ?

Jésus-Christ a voulu nous affranchir tous de ce joug par la FRATERNITÉ, *ut omnes unum suit !* Mais jusqu'ici les riches sont seuls rachetés, sont seuls élus ; — le salut des pauvres reste toujours à faire. Ils portent toujours la peine du péché d'Adam. Malgré la mort de notre divin Rédempteur, ils continuent toujours de manger leur pain à la sueur de leur front ; — quand on veut bien encore leur permettre de suer et de manger, car il y en a qui meurent d'inanition, n'ayant pas même le droit de suer et de manger !

Quelque magnifiques souvenirs et quelques autorités que l'on invoque ou quelques sophismes qu'on y emploie, je ne croirai jamais que J.-C. est mort pour mettre trois diadêmes sur la tête d'un prêtre, et des foudres dans sa main; je ne croirai jamais à l'humilité de ceux qui font s'agenouiller la foule devant eux; à la modestie de ceux qui, seuls, en France, s'obstinent, malgré les mœurs et malgré les lois, à se faire qualifier du titre gothique de *Monseigneur ;* — je ne croirai jamais à la pénitence de ceux qui vivent au milieu du luxe et de la mollesse avec le costume et presque les mœurs des

Satrapes orientaux; — je ne croirai jamais au règne de l'Evangile, tant que les *Saintetés*, les *Excellences* et les *Grandeurs* s'attribueront exclusivement le droit d'expliquer et d'appliquer ce code divin d'égalité et de fraternité.

Plus j'admirerai la vie et la doctrine des Apôtres, plus je serai forcé de déplorer la vie et la doctrine de ceux qui se prétendent leurs successeurs, et comme il m'est impossible de ne pas voir entre eux la même différence qu'entre la pauvreté et l'opulence, le travail et l'oisiveté, le désintéressement et l'ambition, il m'est impossible aussi de les confondre dans un même sentiment de respect, autant que d'unir dans ma pensée le oui et le NON, la lumière et les ténèbres.

L'auteur est un *impie !* soit; — mais il l'est comme les premiers chrétiens l'étaient pour les princes des prêtres et les docteurs de la loi.

Ma conscience me dit qu'en embrassant la cause du peuple, qui est la mienne, car laboureurs, ouvriers, littérateurs, artistes, nous tous qui vivons du travail de notre corps, ou de notre intelligence, nous sommes PEUPLE; ma conscience me dit que j'ai fait un acte de véritable et saine religion, puisque la religion consiste presque tout entière à rapprocher les hommes, à dissiper les préjugés, à faire descendre dans la pratique la justice et l'équité, trop souvent bannies des rapports sociaux par l'excessive division des intérêts.

Je n'ai sans doute ni le talent, ni l'influence nécessaires pour poursuivre et mener à bien les importantes réformes sur lesquelles j'ai essayé d'appeler ici l'attention ; mais d'autres seront plus heureux, et je retirerai du moins de mes efforts la consolante pensée d'avoir, dans la mesure de mes moyens, payé, et non sans sacrifices, ma dette à la religion de Jésus-Christ et à la liberté.

Nantes, Imp. V. Mangin.